Reinhard Keller • Bernd O. Schmidt • Stefan Hörmann

Pollino und Pollina entdecken die Welt

ROM

Ein Reiseführer für Kinder

edition KAPPA

Die deutsche Bibliothek - CIP - Einheitsaufnahme

Rom - Ein Reiseführer für Kinder : Pollino und Pollina entdecken die Welt / Reinhard Keller ; Bernd Oliver Schmidt ; Stefan Hörmann. - 1. Aufl.
München - Wien: edition KAPPA, 2000
ISBN 3-932000-49-8

edition KAPPA, Verlag für Kultur und Kommunikation,

München - Wien

1. Auflage 2000

Druck: Steinmeier, Nördlingen

Illustrationen: Stefan Hörmann

Grafik: Götze + Brachtl, München

Fotos: Simona Sansonetti, Rom

Bernd O. Schmidt, München

Mit Pollino und Pollina zu Kolosseum, Pantheon und Vatikan

Rom blickt auf eine Jahrtausende alte und sehr bewegte Geschichte zurück. Sie ist die Stadt der Antike, des Christentums und der Künste. Die verschiedenen Zeitepochen haben ihre Spuren in unzähligen Sehenswürdigkeiten hinterlassen. Damit euch der Aufenthalt in der Stadt Spaß macht und ihr den Durchblick bei so vielen Bauwerken, Gemälden und Plätzen behaltet, schlägt dieser Reiseführer eine Besichtigungstour in vier Rundgängen vor. Jede dieser Routen könnt ihr mit euren Eltern bequem an einem halben Tag zurücklegen. Am Ende werdet ihr dann zwar nicht alles Sehenswerte in Rom kennengelernt haben - das schafft man auch gar nicht in nur wenigen Tagen. Aber es geht ja nicht darum, möglichst schnell von einer Sehenswürdigkeit zur anderen zu hasten. Sinnvoller ist es, sich Zeit zu nehmen, um Dinge gründlich anzusehen. Dabei soll euch dieser Reiseführer helfen. Er macht euch mit der Geschichte und der Kunst der Stadt sowie den hier tätig gewesenen Künstlern vertraut und erklärt euch die einzelnen Sehenswürdigkeiten. Er will euch ebenso das Leben der Menschen in Rom von heute und von einst näher bringen. So seid ihr hoffentlich in der Lage, die vielen neuen Eindrücke, die ihr auf dieser Reise aufnehmt, besser zu verstehen.

Eure Begleiter in diesem Reiseführer sind die Geschwister Pollino und Pollina, zwei neugierige und unternehmungslustige Entdecker.

Mit ihren Eltern haben sie in Rom Urlaub gemacht und zum ersten Mal die Erlaubnis bekommen, auf eigene "Entdeckungsreise" zu gehen. Von klein auf haben sie die Welt mit ihren Eltern bereist und dabei Erfahrung gesammelt, wie man sich in einer fremden Stadt bewegt.

Über das Reiseziel Rom haben sie viel gelesen und wissen daher schon eine ganze Menge über die Einwohner und die Sehenswürdigkeiten der Stadt. Pollino ist ein großer Fan des antiken Rom und interessiert sich vor allem für technische Details. Seine Schwester Pollina ist dagegen in Sachen Kunst sehr bewandert. Zudem kennt sie zahlreiche spannende Sagen und Legenden, die über die Stadt und ihre Bewohner früher und heute erzählt wurden und werden. Auf ihren Touren begegnen die beiden immer wieder einheimischen Kindern und Erwachsenen aus der Gegenwart und der Vergangenheit, die von ihrer Zeit und ihrem Leben berichten. Viel Spaß mit Pollino und Pollina!

Für Mateja und Quirin

Inhalt

Wo findet ihr was im Reiseführer

Zur Einstimmung auf eure „Tour de Rom“ haben wir das Kapitel „Eine kleine Geschichte Roms“ an den Anfang gesetzt. Wer eine Stadt kennen lernen will, der sollte sich zunächst mit ihrer Geschichte und Kultur beschäftigen. Das gilt besonders für Rom, die Hauptstadt der Antike und des Christentums, wo wie nirgendwo sonst auf der Welt Sehenswertes aus beinahe drei Jahrtausenden zu bewundern ist. Über die Geschichte und Kultur Roms könnt ihr in der Einleitung nachlesen und Genaueres erfahren. Diese spannenden Informationen lassen euch zu echten „Rom-Kennern“ werden!

Es folgen die Rundgänge durch die Stadt mit Pollino und Pollina. Jeder Rundgang zeigt euch einen Stadtteil Roms mit seinen besonderen Sehenswürdigkeiten:

1) Der Rundgang durch das antike Rom um das Forum Romanum vergegenwärtigt euch ein lebendiges Bild vom Leben der Menschen in der Antike.

2) Es folgt eine Tour durch die Innenstadt: Vom Campo de' Fiori zur Piazza Navona, weiter zum Pantheon und zur Spanischen Treppe. Ihr findet hier eine Menge Geschichten um wunderbare und weltbekannte Sehenswürdigkeiten.

3) Die Reise durch den Vatikan führt euch in die Welt von Künstlern und Kunstwerken im Petersdom und in den Vatikanischen Museen.

4) Den Abschluss bildet ein Spaziergang durch Trastevere, den Stadtteil jenseits des Tiber. Hier trefft ihr auf ein Rom voller Sagen und Legenden.

Ergänzt werden diese vier Rundgänge durch zwei weitere Extra-Touren:

Die erste beschreibt Rom als „Hauptstadt der Christen“ und erzählt von der Welt der christlichen Pilger: Von den sieben Pilgerkirchen, der Verehrung der Heiligen und den Grabesstätten der frühen Christen.

Die nächste führt euch in die „Stadt der tausend Wunder“. Ihr lernt die Geheimnisse von Brunnen, “Sprechenden Statuen“ und anderen ungewöhnlichen Sehenswürdigkeiten Roms kennen.

Wie orientiert ihr euch? Die Kapitel mit den Rundgängen verfügen über Stadtpläne, auf denen der Weg mit seinen Stationen eingezeichnet ist. Die farbigen Symbole kennzeichnen Sehenswürdigkeiten, Museen und Nützliches, wie Hotels, Restaurants, Pizzerien, Eisdielen, Parks und Gärten, die es im betreffenden Viertel gibt.

Tipps: Im hinteren Teil des Reiseführers findet ihr noch einmal alles Praktische und Nützliche aufgelistet, was ihr für eure Reise und euren Aufenthalt in Rom benötigt. Wollt ihr die Öffnungszeiten der Museen wissen? Erfahren, wo es gute Pizza oder leckeres Eis gibt? Welche Hotels sich als Ausgangspunkt für eure Entdeckungsreise eignen? Oder wo ihr ein Fahrrad ausleihen könnt? Das und vieles andere findet ihr auf diesen Seiten.

Ein kleiner Sprachführer in diesem Teil hilft euch, eine Pizza oder ein Eis zu bestellen, eine Bus-Fahrkarte zu kaufen oder einfach „Grüß Gott“, „danke“ oder „bitte“ zu sagen.

Das anschließende „Glossar“ erklärt euch wichtige und komplizierte Begriffe aus Geschichte und Kunst. Zu guter Letzt sind viele Persönlichkeiten und Sehenswürdigkeiten, die in diesem Reiseführer genannt werden, mit entsprechender Seitenangabe im so genannten „Index“ aufgelistet.

Alle Wege führen nach Rom ... die Anreise

Mit dem Auto: Ein Blick auf die Landkarte zeigt, dass Rom an der Autobahn liegt, die Italien von Nord nach Süd verbindet. Bezeichnenderweise heißt sie „Autostrada del sole", „Autobahn der Sonne". Klingt verlockend, oder? Aber Achtung: Ein Autobahn-Ring (die so genannte „Tangenziale") umkreist Rom. Wer die richtige Einfallsstraße Richtung Zentrum verpasst, dem können die letzten 20 km zur Stadtmitte zu einer mehrstündigen Irrfahrt werden. „Alle Wege führen nach Rom", lautet ein Sprichwort aus der Antike. „Alle Umwege führen nach Rom", heißt es aber für den, der sich auf der Stadtautobahn verfährt.

Mit der Eisenbahn: Die Bahnverbindungen von Deutschland, Österreich und der Schweiz nach Rom sind sehr gut. Von München, Wien und Zürich fahren mehrmals täglich Züge direkt in die Hauptstadt Italiens. Erinnert eure Eltern daran, dass es für Gruppen sehr günstige Angebote bei der Bahn gibt.
Der Hauptbahnhof von Rom heißt „Stazione Termini" („Endstation"), nicht nur weil hier die Züge nach Rom enden, sondern auch, weil es sich um einen Sackbahnhof handelt. Da er mitten in der Stadt liegt, sind von hier aus Sehenswürdigkeiten, Hotels und Restaurants eurer Besichtigungstouren bequem zu erreichen.

Mit dem Flugzeug: Das ist sicherlich der schnellste und angenehmste Weg nach Rom. Von München, Wien oder Zürich dauert es nur knapp 1 1/2 Stunden, und dann seid ihr in einer der schönsten Städte der Welt. Auch bei Flugreisen gibt es preiswerte Sonder-Tarife, eure Eltern sollten sich in den Reisebüros darüber informieren. Der Flughafen Roms wurde nach dem Künstler Leonardo da Vinci benannt und liegt in dem Ort Fiumicino, ca. 40 km außerhalb der Stadt. Vom Flughafen führen S-Bahn und Autobahn in die Innenstadt. Eine Taxifahrt kostet etwa 80 DM.

Zu Fuß: Lieber nicht! Doch im Mittelalter legten die Pilger, die nach Rom wollten, den ganzen Weg zu Fuß (oder teilweise in der Kutsche) zurück. Von England, Frankreich, Deutschland und Österreich führten „Pilgerwege" nach Rom. In jüngster Zeit hat man diese alten Reiserouten wiederentdeckt und neu ausgebaut. Vielleicht habt ihr Lust, auf diesen Spuren zu wandeln und zumindest eine Teilstrecke als „Pilger" zurückzulegen. Informationen darüber gibt es in den italienischen Fremdenverkehrsämtern ENIT (Ente Nazionale Italiano per il Turismo).

Wie kommt ihr wohin? Die Rundgänge, die in dem Reiseführer beschrieben werden, sind alle leicht zu Fuß zurückzulegen. Aber ihr könnt natürlich auch die öffentlichen Verkehrsmittel benutzen, die euch von einem Schauplatz zum anderen bringen.
Für Busse und U-Bahnen gibt es einheitliche Fahrkarten, die 75 Minuten Reisezeit erlauben und für beide Transportmittel gelten. Die Tickets sind an vielen Verkaufsstellen (ihr müsst dabei auf das „ATAC"-Zeichen achten) und in sogenannten „Tabacchi"-Läden erhältlich.

Bevor es losgeht ... eure Ausrüstung

Bitte vergesst nicht, dass die einzelnen Routen mehrere Stunden in Anspruch nehmen. Ihr solltet daher eine geeignete Ausrüstung für eure „Tour de Rom“ zusammenstellen.
Ihr nehmt am besten einen Rucksack, in den Folgendes hinein gehört: Reiseproviant für alle Fälle: Belegte Semmeln und eine Flasche Mineralwasser.
Schutz vor Sonne und Regen: Sonnencreme für Arme, Beine und Gesicht, Kopfbedeckung und Regenjacke.
Und damit euch das, was ihr seht, in Erinnerung bleibt: Notizblock, Stift und Fotoapparat. Zum genaueren Hinsehen: Taschenlampe, Fernglas und natürlich der Reiseführer!

Oben: Ein Tabacchi-Ladenschild. Hier gibts Bus- und U-Bahn-Tickets. Links: Die Eule an der Haltestelle zeigt an, dass diese Buslinie die ganze Nacht befahren wird.

Ihr solltet allerdings berücksichtigen, dass Fahrten in römischen Bussen und U-Bahnen oft unbequem sind. Es herrscht zumeist ein großes Gedränge und Gequetsche, und gerade Busfahrten können wegen des chaotischen Verkehrs in der Stadt auch sehr viel länger dauern als ein Fußmarsch. Also, besser vorher zweimal überlegen, ob sich das Bus- oder U-Bahn-Fahren überhaupt lohnt. Natürlich könnt ihr auch auf Taxis ausweichen, die zuhauf in der Stadt herumfahren. Allerdings solltet ihr euch unbedingt schon beim Einsteigen über den ungefähren Fahrpreis zu eurem Ziel erkundigen.

Das Imperium Romanum herrschte über große Teile Europas, Afrikas und Vorderasiens

Woher kommt der Name der Stadt ROMA? Es gibt dazu mehrere Deutungen:
1) Er könnte eine Ableitung von Romulus – dem sagenhaften Gründer Roms – sein;
2) oder von RUMA stammen – einem etruskischen Wort, was soviel bedeutet wie „Stadt des Flusses";
3) oder er könnte nach einem etruskischen Herrschergeschlecht lauten.

ZEITRECHNUNG

Unsere Jahreszählung geht von dem angeblichen Jahr der Geburt Christi aus. Die Jahre vor Christi Geburt (v.Chr.) werden zurückgerechnet (also z.B. erster Feldzug Julius Caesars nach Britannien 55 v.Chr., zweiter Feldzug 54 v.Chr.). Nach Christi Geburt zählen wir die Jahre vorwärts. Die alte Bezeichnung A.D. steht für „Anno Domini", im Jahre des Herrn, und bedeutet nach Christi Geburt (n.Chr.).

Eine kleine Geschichte Roms

„Toll, noch 30 Minuten, dann sind wir da!" Pollina sah aus dem kleinen Fenster. Mit leisem Brummen sauste das Flugzeug durch den strahlend blauen Himmel. Unten erkannte sie schon die ersten Häuser der riesigen Stadt. Pollina und ihr Bruder Pollino befanden sich im Flugzeug nach Rom. Gemeinsam mit ihren Eltern würden sie dort vier Tage Urlaub verbringen. Während Pollino noch die letzten Bissen des Mittagessens verschlang, blätterte seine Schwester in ihrem Reiseführer. „Wusstest du, dass Rom auch die 'Stadt der sieben Hügel' genannt wird?" Pollino antwortete schmatzend und kauend: „Logo. Ich kann mich aber nicht mehr daran erinnern, wie sie heißen. Lass uns doch mal nachschauen!" Pollina begann, laut das Kapitel „Eine kleine Geschichte Roms" vorzulesen.

Von Lehmhütten zum Weltreich

Das römische Weltreich war das größte und mächtigste Reich, das Europa je gekannt hat. Als Roms Herrschaftsgebiet im zweiten Jahrhundert nach Christus am größten war, beherrschte es Europa zwischen Sizilien und Britannien und von Griechenland bis Spanien. Nordafrika, die Türkei, Ägypten und andere Länder des Nahen Ostens gehörten zu seinen Provinzen. Begonnen hatte dieses Reich jedoch im Kleinen. Über eineinhalb Jahrtausende früher, etwa im 14. Jahrhundert vor Christus (v.Chr.), ließen sich verschiedene Stämme auf den Hügeln über dem Fluss Tiber nieder. Dieser Ort war für den Handel sehr bedeutsam, weil eine Insel im Tiber eine Gelegenheit bot, den Fluss bequem zu überqueren. Hier trafen sich daher viele Straßen, die den Norden und den Süden Italiens miteinander verbanden.

Die ersten Siedler waren Bauern und Hirten, die in Stroh- und Lehmhütten lebten. In den Tälern hatte der Fluss, der nur wenige Kilometer stromabwärts ins Meer fließt, eine Sumpflandschaft geformt. So zogen es die Menschen vor, auf den Hügeln zu siedeln und dort ihr Vieh zu weiden. Auf der Seite des Flusses, wo diese Siedlungen entstanden, stehen genau sieben Hügel. Sie heißen Palatin, Kapitol, Esquilin, Aventin, Quirinal, Viminal und Celio (gesprochen: Tschelio)

„Sieben, fünf, drei - Rom schlüpft aus dem Ei" - heißt es im Geschichts- und Lateinunterricht

Die Stadt wird gegründet

Die Geschichte der Stadt Rom begann schließlich um das Jahr 750 v.Chr. Zu dieser Zeit schlossen sich die verschiedenen Stämme, die die Hügel bewohnten, zusammen. Die Sage der Stadtgründung, wie sie der antike römische Dichter Vergil in seinem berühmten Buch *Aeneis* erzählt, stellt sich jedoch etwas anders dar. Die Erzählung lautet so: Die Hüterin des göttlichen Feuers Rhea Silvia, Dienerin der Göttin Vesta, gebar die Zwillinge Romulus und Remus. Einer Tempeljungfrau aber war es verboten, Kinder zu haben. Rhea Silvia legte deshalb die beiden in ein Weidenkörbchen und setzte sie auf dem Tiber aus. Eine Wölfin fand Romulus und Remus am Ufer und nährte sie unter einem Feigenbaum auf dem Palatin-Hügel. Ein Hirte namens Faustulus hat die Findlinge dann großgezogen. Herangewachsen, beschlossen Romulus und Remus, auf den Hügeln eine neue Stadt zu gründen. Die beiden Brüder stritten um die Vorherrschaft, wobei Romulus seinen Bruder besiegte. Rom wurde dieser Geschichte zufolge am 21. April 753 v.Chr. auf dem Palatin gegründet. Und noch heute feiern die Römer jedes Jahr am 21. April den Geburtstag ihrer Stadt mit einem riesigen Feuerwerk.

Die Wölfin hat der Sage nach die Zwillinge Romulus und Remus gesäugt. Auf diese Weise wurde sie zum Wappentier Roms.

Rom, die Stadt der sieben Hügel

Etruskische Könige

Die Erzählung Vergils berichtet weiter von sieben sagenhaften Königen, die Rom am Anfang regiert haben. Romulus könnte tatsächlich der erste von ihnen gewesen sein. Feststeht, dass Etrusker die Macht in Rom übernahmen. Die Könige Roms und viele ihrer Gefolgsleute stammten aus diesem reichen Volk, das in der Gegend nördlich der Stadt sein Stammesgebiet hatte. Die Etrusker besaßen ein eigenes Alphabet. Sie trieben Handel mit orientalischen Völkern, beherrschten den Städtebau und die Viehzucht und waren in der Lage, Metall zu verarbeiten. Sie erzeugten damit z.B. Waffen, aber auch Kunstwerke.

Rom wächst

Die Stadt vergrößerte sich schnell. Nur etwa 150 Jahre nach der Gründung zählte Rom bereits 20.000 Einwohner. Ein 11 km langer Mauerwall wurde um die Stadt gebaut und ein Kanal angelegt - die „Cloaca Maxima“ („cloaca“ steht lateinisch für „spülen“). Sie entwässerte die Gegend um das Forum Romanum. Mit Hilfe dieses Kanals konnte das Wasser des sumpfigen Tals und das Wasser, das bei Regen von den umliegenden Hügeln herunterfloss, aufgefangen und dem Tiber zugeführt werden. So entstand fester Boden und Platz für neue Straßen und Gebäude.

In Rom regieren die Bürger - Über Patrizier, Plebejer und Sklaven

Die Unzufriedenheit des Volkes mit den etruskischen Königen wuchs zunehmend. Und im Jahr 509 v.Chr. endete ihre Herrschaft. König Lucius Tarquinius Superbus („der Hochmütige“) wurde von den Einwohnern Roms vertrieben.

Dann leiteten die reichen adligen Familien, die *Patrizier*, die Geschicke der Stadt. Der Wohlstand wuchs. Und die Bauern und Handwerker, die man *Plebejer* nannte, hatten daran wesentlichen Anteil. Aus diesem Grund kämpften diese dafür, dass auch sie in der Politik mitbestimmen durften. Mit Erfolg: Rom wurde eine Republik (*s. Begriffserklärungen*). Sie wurde geführt von zwei Konsuln, Männern, die vom Volk gewählt wurden. Dabei musste einer Patrizier, der andere konnte Plebejer sein. Den Konsuln zur Seite stand der Senat, eine Versammlung von hochgestellten Persönlichkeiten, welche die Gesetze erließen. Anfangs kamen die Senatoren aus den reichen Familien der Patrizier, später war hier auch Platz für Plebejer. Zusätzlich gab es die Volksversammlung. Hier hatten Vertreter des Volkes die Möglichkeit, Gesetze zu verhindern. Doch darf man nicht übersehen, dass viele Menschen kein Mitspracherecht besaßen. Frauen durften nicht wählen und Sklaven hatten keinerlei Anspruch auf Rechte. Neben den freien Bürgern, Adligen, Handwerkern und Bauern lebte in Rom eine Vielzahl von Sklaven. Diese Menschen waren zumeist Gefangene aus den eroberten Ländern, Kinder von Sklaven oder Kinder ohne Eltern. Sklaven waren Leibeigene und gehörten einem Besitzer, der sie oft für wenig Geld auf dem Sklavenmarkt gekauft hatte. Sie mussten auf den Feldern oder in den Bergwerken arbeiten. Sklaven, die mit Gold gekauft wurden, waren für ihre Besitzer in weitaus höheren, aber deswegen nicht weniger gefährlichen Stellungen tätig: als Kaufleute, Köche, Lehrer, als Straßenbauarbeiter oder auch als Gladiatoren - Kämpfer in der Arena. Die „Multi-Millionäre" Roms, ehemalige Senatoren, berühmte Feldherren, reiche Kaufleute oder Großgrundbesitzer beschäftigten in ihrem Haushalt bis zu 500 Sklaven.

Oben:
Ein Feldzeichen der Truppe. Jede Einheit besaß ihr eigenes. Wo es offiziell zuging, durfte das „SPQR" nicht fehlen. Es bedeutet „Senatus Populusque Romanus", „der Senat und das Volk von Rom".

Rom erobert

In den folgenden Jahrhunderten erweiterten die Römer ihren Machtbereich stetig. Die Stadt wurde das Zentrum eines riesigen Reiches: des „Imperium Romanum" („imperium" heißt „Reich"). Nach und nach erober-

ten die Römer die italienische Halbinsel, Sizilien und Sardinien, besiegten das mächtige Karthago in Nordafrika und dehnten ihr Reich in alle Himmelsrichtungen aus. Schließlich gehörten die Länder rund um das Mittelmeer zum römischen Besitz. Im Norden wurden Frankreich und der Großteil Englands besetzt. Die Römer drangen über die Alpen nach Germanien vor, und im Osten eroberten sie Bulgarien und Rumänien.

Die Hauptstadt der Welt

Eroberung, Eroberung, Eroberung ... Rom war zur Hauptstadt eines Weltreiches geworden, sie war „caput mundi" (lateinisch für „Haupt der Welt"). Dabei hat Rom die Besiegten nicht unterworfen, sondern machte die Völker in den eroberten Ländern zu Bundesgenossen. Alle freien Bewohner wurden römische Bürger und besaßen die gleichen Rechte wie die Einwohner der Hauptstadt. Die vielen verschiedenen Völker fühlten sich auf diese Weise zusammengehörig. Zwar kam es hin und wieder zu Aufständen einzelner Gruppen und man klagte wegen der an Rom zu zahlenden Steuern. Doch die Bürger der besiegten Länder waren zumeist sehr zufrieden, diesem Reich anzugehören. Denn nach der Eroberung brachen für sie ruhige Zeiten an. Die fortdauernden Bekämpfungen zwischen Völkern und Stämmen, Städten und Dörfern, die zu diesen Zeiten üblich waren, hatten ein Ende. Rom schützte seine Provinzen und Länder und ihre Bewohner. Die Einwohner konnten nun von einem Ende des Reiches bis zum andern reisen, ohne Furcht, in der Fremde versklavt oder gar ermordet zu werden. Im römischen Reich lebten zur Zeit seiner größten Ausdehnung insgesamt zwischen 60 und 80 Millionen Menschen. Nie wieder ist es später einem Herrscher oder einem Volk gelungen, so viele verschiedene Völker, Sprachen und Religionen zu verbünden.

Alle fünf Jahre wurden die Römer gezählt. Diese Volkszählungen dienten dazu, festzustellen, welche Bürger Steuern zahlen mussten und wer als Soldat eingesetzt werden konnte.

Das Heer

Die Römer eroberten und beherrschten ihr riesiges Reich mit Hilfe eines gewaltigen Heeres von Berufssoldaten. Die Truppen waren hervorragend ausgebildet. Rom unterhielt schon zu Beginn seines gewaltigen Eroberungsfeldzugs im 3. Jahrhundert vor Christus ein Heer von etwa 770.000 Soldaten. Die Soldaten unterzeichneten einen Vertrag über mehrere Jahre und erhielten regelmäßigen Lohn.

Die Römer in Deutschland

In Deutschland, oder Germanien, wie es damals hieß, drangen die Römer bis zur Donau und zur westlichen Seite des Rheins vor. Viele Städte, die als Befestigungsanlagen gebaut wurden, verdanken den Römern ihren Ursprung: Köln, Trier, Augsburg oder Regensburg. Sie entwickelten sich zu blühenden Städten, in denen sich viele römische Soldaten nach ihrem Dienst in der Armee niederließen. Eigentlich wollte Rom ganz Germanien erobern. Der Vormarsch endete jedoch im Jahre 9 n.Chr. in der Schlacht im Teutoburger Wald. Hier verlor der römische Feldherr Varus drei Legionen gegen die Männer um Arminius, den Cherusker. Nach dieser schweren Niederlage machten die Römer keine großen Anstrengungen mehr, Germanien zu erobern.

Der Straßenbau

Wichtig für die Eroberung und den Erhalt der römischen Provinzen war ein riesiges Straßennetz, das die Römer anlegten. Die Via Appia führte etwa von Rom nach Capua und zur Hafenstadt Brindisi in Süditalien, und die Via Aurelia über das südfranzösische Marseille weiter nach Spanien. Diese Straßen gibt es praktisch bis heute. Sie wurden stets erneuert, ausgebaut oder die Straßenführung etwas verlegt. Doch auch heute noch führen sie an die selben Ziele wie damals. Die Straßen waren allesamt geradlinig angelegt und mit großen Steinplatten gepflastert. Fuhrwerke konnten auf den etwa vier Meter breiten Straßen aneinander vorbeifahren. Das Pflaster war in der Mitte der Straße erhöht, so dass bei Regen das Wasser seitlich ablaufen konnte. Täler und Flüsse wurden durch Brücken überwunden, die man noch etliche hundert Jahre nach dem Zerfall des römischen Reiches benutzte. In Abständen von 14 Kilometern waren Poststationen eingerichtet, wo die Reisenden Pferde wechseln, essen, trinken und auch übernachten konnten.
Letzteres war allerdings meist ein gefährliches Abenteuer,

Oben: Die Römer legten befestigte Straßen an: Zuerst wurde ein flacher Graben ausgehoben und ein Zementgemisch aufgetragen. Darüber wurden dann Steinplatten gelegt. Rechts: Das antike Straßenpflaster der Via Appia ist bis heute erhalten.

denn räuberische Überfälle waren keine Seltenheit. Wer konnte, zog es vor, bei Freunden oder Verwandten Station zu machen.

Die römischen Herrscher

Die Zeit der Republik dauerte knapp fünf Jahrhunderte. Sie ging zu Ende, als in Rom im Jahr 83 v.Chr. ein blutiger Bürgerkrieg ausbrach. Der Zankapfel war die Macht - wie sollte das römische Reich künftig regiert werden? Anhänger eines stärkeren Senats kämpften gegen die Streiter für eine mächtigere Volksversammlung. Um den Frieden wiederherzustellen, wurden schließlich drei Männer vom Senat als unumschränkte Herrscher bestimmt. Es war das Triumvirat (von „tri" und „vir", lateinisch für „drei" und „Mann") von Gaius Julius Caesar, Magnus Pompeius und Marcus Licinius Crassus. Sehr schnell aber entstanden auch zwischen ihnen Zwistigkeiten. Caesar, der erfolgreiche Feldherr, riss die Macht an sich. Er besiegte die Rivalen. Mit seinen Truppen, mit denen er Gallien erobert hatte, marschierte er nach Rom und erklärte sich zum Alleinherrscher.

Gaius Julius Caesar

Caesar demütigte den Senat, indem er in der Öffentlichkeit im Gewand der etruskischen Könige auftrat, die Rom vor fünfhundert Jahren regiert hatten. Durch sein Verhalten machte er sich viele Feinde. Einige Senatoren verschworen sich gegen ihn. Während einer Senatssitzung wurde er von ihnen im Jahr 44 v.Chr. ermordet. Doch trotz des Todes Caesars ging die Republik zu Ende. Fortan sollte nur noch eine einzelne Person über das römische Reich regieren: der Kaiser. Er bestimmte über das Zusammenleben der Menschen, ihre Religion und die Politik des riesigen Reiches.

Octavian, der sich Augustus, der Erhabene, nannte

Nach 17-jährigem Bürgerkrieg wurde Octavianus, ein Adoptivsohn Caesars, zum ersten Kaiser Roms ernannt. Er regierte lange Zeit. Sein besonderes Verdienst war ein 30-jähriger Frieden, dem er dem Römischen Reich bescherte. Nach seinem Tod wurde Augustus eine besonde Ehre zuteil. Er wurde vom Senat zum Gott ernannt.

Kaiser Augustus. Er benannte sich nach seinem Vater Caesar. „Caesar" wurde so die offizielle Bezeichnung für den Herrscher, den „Kaiser".

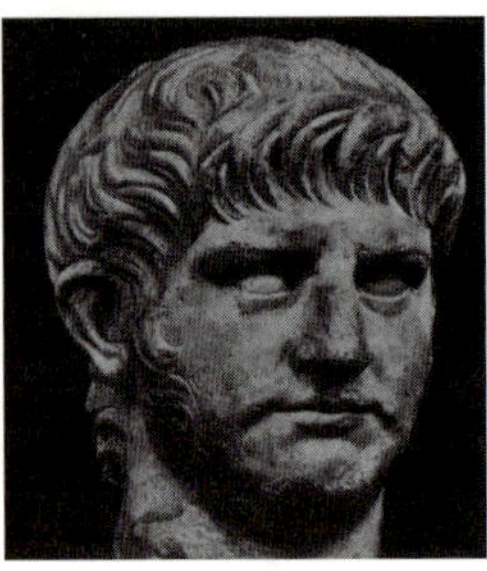

Nero hieß ursprünglich Lucius Domitius Ahenobarbus

Nero und der Brand Roms

Im Jahr 54 n.Chr. bestieg Nero den Thron. Die ersten Jahre regierte er sehr weise. Doch dann gab er sich immer mehr der Ausschweifung und der Verschwendungssucht hin. Im Jahr 64 n.Chr. wurden zwei Drittel Roms in einer riesigen Feuersbrunst zerstört. Es wird behauptet, dass Nero selbst den Brand legen ließ, um seine Bauträume zu verwirklichen. Denn jetzt gab es den Platz, den Nero benötigte, um einen spektakulären Wohnsitz zu bauen: das „Goldene Haus" - das „Domus Aurea". Das Haus war in der Form einer Ellipse gebaut und hatte einen Durchmesser von 188m.

Das Leben im kaiserlichen Rom

Rom war bereits zu Zeiten Caesars eine blühende Stadt mit Theatern, Parks und Märkten. Hier lebten etwa 500.000 Menschen unterschiedlichster Herkunft miteinander: Römer und andere Völker Italiens, Gallier, Ägypter, Spanier, Griechen, Syrer und ... und ... und.

Die Zahl der Bewohner wuchs immer weiter. Um Christi Geburt bevölkerten etwa eine Million Menschen die Stadt. Bis ins 2. Jahrhundert n.Chr. sollte diese Zahl noch weiter steigen, auf etwa 1,2 Millionen Menschen. Davon waren mehr als ein Drittel Sklaven.

Das neue Gesicht der Stadt - Bäder, Tempel und kaiserliche Standbilder

Mit Kaiser Augustus veränderte sich das Aussehen der Stadt. Er ließ ein neues Forum bauen und Tempel, Straßen und Brücken instand setzen. Unter seiner Herrschaft, so sagte Augustus selbst, hat sich Rom von einer Stadt aus Backstein zu einer Stadt aus Marmor gewandelt. Rom wollte von nun an seine politische Macht und seinen Reichtum durch Bauwerke in der Stadt öffentlich zeigen. Die bekanntesten griechischen Baumeister wurden nach Rom geholt, um neue Wohnviertel mit luxuriösen Villen für die Reichen und mehrstöckige Mietwohnungen für die Zuwanderer aus den Provinzen zu bauen. Beim Bauen entwickelten die Römer hohe Kunstfertigkeit. Im Steinbau erfanden sie den

Bogen. Somit konnten größere Täler überspannt werden. Die erste Steinbrücke über den Tiber errichteten die Römer bereits im Jahr 142 v.Chr. Zudem vermochte man im antiken Rom eine Art Zement herzustellen.

Auch die folgenden Kaiser ließen prächtige Tempelanlagen und Foren (zu „Forum" *s. Begriffserklärungen*) bauen, wo sich das öffentliche Leben der Römer abspielte. In den Foren wurden pompöse Triumphzüge zu Ehren der erfolgreichen Feldherrn abgehalten. Zudem gab es dort Bibliotheken und Theater, in denen nach griechischem Vorbild Theateraufführungen stattfanden.
Für das Volk wurden immer mehr Badeanstalten (so genannte „Thermen") gebaut und große Amphitheater („amphi" ist griechisch und heißt „um-herum") errichtet, in denen die Römer Spiele veranstalteten.

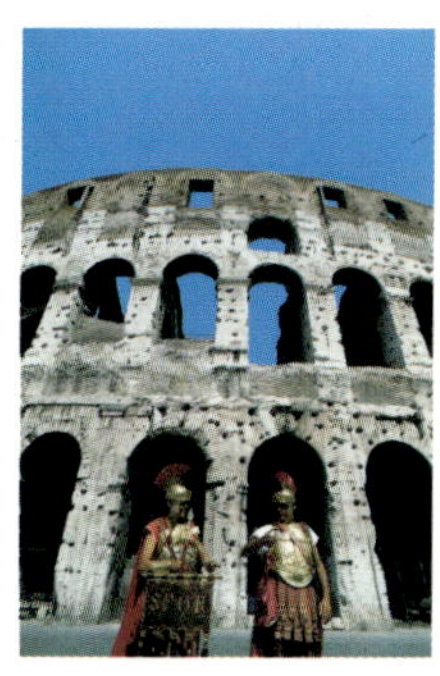

Das Kolosseum war das größte Amphitheater Roms

Aber die Kaiser bauten vor allem für sich selbst. Sie errichteten prächtige Palastanlagen, wie etwa auf dem Palatin-Hügel. Die Säulen, Triumphbögen oder Ruhmeshallen auf den Foren zeugten von den militärischen Erfolgen der Kaiser bei der Eroberung neuer Gebiete oder bei Niederschlagungen von Aufständen innerhalb des Reiches. Und überall in der Stadt ließen sie von sich Standbilder aufstellen, um sich als Götter verehren zu lassen.

Aquädukte - Wasser für Rom

In den Straßen Roms gab es Brunnen mit Trinkwasser. Das ausgeklügelte Wassernetz bestand aus oberirdischen Wasserleitungen, so genannten „Aquädukten" (*s. Begriffserklärungen*), die frisches und reines Quellwasser nach Rom beförderten. Das erste Aquädukt wurde im Jahr 312 v.Chr. gebaut. Ihm wurde der Name „Aqua Appio" gegeben, benannt nach dem hohen Beamten Appio Claudio, unter dessen Aufsicht dieses Bauwerk vollendet wurde. Von der 16 km von Rom entfernten Quelle floss das Wasser zunächst zu den Verteilerhäuschen, von wo es in viele Richtungen abgezweigt wurde. Auf diese Weise konnte beinahe die halbe Stadt mit Wasser versorgt werden. Bis zum Jahr 100 n.Chr. wurden insgesamt elf solcher Leitungen gebaut.

Das Forum Romanum in Vergangenheit und Gegenwart. Foto und Zeichnung sind übereinander gelegt. Auf dem Foto seht ihr die heutigen Überreste der antiken Gebäude und die Hügel im Hintergrund. Touristen besichtigen das Forum. Die Zeichnung zeigt, wie es hier zur Kaiserzeit aussah. Tempel, wohin man blickt.

In reichen und vornehmen Häusern waren die Wände mit Malereien verziert. Hier eine Szene aus der Odyssee, der griechischen Sage von der Irrfahrt des Helden Odysseus.

Kunst und alltägliches Leben

Die reichen Römer waren Großgrundbesitzer, erfolgreiche Kaufleute oder Senatoren. Sie residierten in prachtvollen Villen auf dem Land und in großzügigen Stadtwohnungen. Sie waren bekannt als besessene Sammler griechischer Büsten und Statuen, die allerdings sehr oft den Griechen einfach geraubt worden waren. Die griechische Kunst galt den Römern als nachahmenswert. Am deutlichsten sieht man das bei Villen und Tempeln, die in der Kaiserzeit zumeist nach griechischen Vorbildern gebaut wurden. Vornehmlich von griechischen Bildhauern und Malern ließen sich die Römer auch ihre Wohnungen verschönern. Die Stadthäuser waren nach außen hin schmucklos, aber im Innern sehr aufwendig gestaltet. Die Wände waren oft bemalt mit mythologischen Szenen, also Szenen aus den Sagen über Götter und Helden, oder mit Garten- und Landschaftsmotiven. Man stellte elegante Statuen von Göttern auf, und die Böden waren mit Mosaiken bedeckt. An den Wänden standen schöne Möbel, die von Vasen geziert wurden.

Die Mehrzahl der Bewohner Roms aber war mittellos und lebte in ärmlichen Wohnvierteln. Da der Baugrund rar und sehr teuer war, baute man vor allem in die Höhe. Die Häuser saßen dicht gedrängt aufeinander und zählten bis zu sechs Stockwerke. Die Gassen waren kaum mehr als drei Meter breit. Und der Straßenlärm gehörte schon im alten Rom - wie es bis heute geblieben ist - zum Alltag. In den Straßen herrschte ein chaotisches Durcheinander. Obwohl von morgens bis abends die Stadt für den Verkehr geschlossen war, weil Menschen und Fuhrwerk zusammen keinen Platz hatten. Tagsüber arbeiteten die Handwerker, und Menschenmengen quälten sich durch die engen

Gassen, wo Läden Waren aus dem ganzen Reich feilboten. Nachts rollten dann die Fuhrwerke und Kutschen über das Pflaster und machten einen Höllenkrach.

Urlaub in der Antike

Die Römer fuhren genau wie die Menschen von heute in den Urlaub. Allerdings war diese Art von Freizeitgestaltung den Reichen vorbehalten. Sie entflohen dem heißen Stadtsommer und verbrachten mehrere Wochen auf dem eigenen Landsitz in den Hügeln und Bergen um die Stadt. Beliebte Ziele waren auch Ostia, die Stadt an der Mündung des Tiber, oder der Golf von Neapel, wo man im Meer badete. Auch damals schon gab es Besichtigungsreisen. Man fuhr etwa nach Ägypten, um die Pyramiden zu bestaunen.

Das Familienleben

Der Vater war das Oberhaupt der Familie, zu der auch die Sklaven zählten. Er hatte das Recht, über Leben und Tod der Familienmitglieder zu bestimmen. Ein Neugeborenes musste von seinem Vater anerkannt werden, sonst wurde es ausgesetzt oder dem Tod überlassen. Die Annahme des Kindes bot Anlass zu einem großen Fest. Das Haus wurde mit Blättern und Blumengirlanden geschmückt. Am neunten Tag nach seiner Geburt erhielt das Kind eine Kapsel mit einem goldenen Amulett, die man „bulla" nannte. Sie sollte seinen jungen Besitzer vor einem schlimmen Schicksal bewahren. Die Burschen trugen die „bulla" bis zur Mündigkeit mit 14 Jahren. Mädchen trugen die „bulla" dagegen bis zu ihrer Hochzeit. Übrigens: Die Eltern entschieden, wen die Kinder einmal heiraten würden. Mädchen durften damals nicht zur Schule. Sie erwarben sich hauswirtschaftliche Kenntnisse zu Hause. Burschen aus reichen Familien kamen mit sechs Jahren zur Schule. Die überwiegende Mehrheit der römischen Kinder lebte in ärmlichen Verhältnissen. Sie hatten keine Chance auf Schulbildung, denn sie mussten arbeiten, um zum Familienunterhalt beizutragen.

Religion

Die Römer verehrten viele Gottheiten, die für verschiedene Bereiche des Lebens zuständig waren. Venus war etwa die Göttin der Liebe und Schönheit, Mars der Gott des Krieges, Minerva die Göttin der Weisheit. Der höchste Gott war Jupiter, Gott des Himmels, Herr über Blitz und Donner und gleichzeitig Beschützer von Recht und Treue. Sein Tempel stand auf dem Kapitols-Hügel.

Griechische und Römische Götter

Zeus	Jupiter	König der Götter
Hera	Juno	Göttin der Ehe und der Geburt
Athena	Minerva	Göttin der Weisheit und des besonnenen Kampfes
Apollon	Apollo	Gott des Lichts, der Dichtung und Musik
Artemis	Diana	Göttin der Jagd
Afrodite	Venus	Göttin der Liebe und Schönheit
Ares	Mars	Gott des Krieges
Poseidon	Neptun	Gott des Meeres
Demeter	Ceres	Göttin des Ackerbaus und der Feldfrucht
Hephaistos	Vulkan	Gott der Schmiedekunst und des Handwerks
Hermes	Merkur	Gott des sicheren Geleits und des Handels
Hestia	Vesta	Göttin des Herdfeuers

Viele Gottheiten übernahmen die Römer von anderen Völkern wie den Etruskern oder Griechen. Auch Gottheiten aus den orientalischen Provinzen (Ägypten und Persien) wurden verehrt. Insgesamt besaßen die Römer über 30.000 „Unter-Gottheiten". Die Religion war in gewissem Sinn auf Geben und Nehmen abgestimmt. Die Menschen brachten den Göttern Früchte und vor allem Tiere als Opfer dar, um sie günstig zu stimmen. Widder, Lämmer, Schweine und auch Stiere wurden mit einer Axt auf dem Opfer-Altar getötet und ihre Innereien anschließend verbrannt. Die Zeremonie leitete der Hohepriester, der „pontifex maximus". Das heißt lateinisch „der höchste Brückenbauer", denn er baut die Brücke zu den Göttern im Himmel. Übrigens, auch der Papst trägt den Titel „pontifex maximus".

Zuhause praktizierten die Römer eine eigene Art der Gottesverehrung. Das Familienoberhaupt übernahm die Rolle des Priesters. Man verehrte vor allem die Schutzgötter des Herdes, die *Laren*, und die beiden *Penaten,* die über die Speisekammer wachten. In den Atrien (Innenhöfen) der Häuser standen Hausaltäre, in denen ein heiliges Feuer brannte. Die religiösen Gebräuche unterschieden sich von Familie zu Familie. Und die einzelnen Familien legten großen Wert darauf, dass diese Gebräuche von Generation zu Generation weitergegeben wurden.

Rom und das Christentum

Die ersten römischen Einwohner, die sich von der christlichen Religion angezogen fühlten, waren überwiegend arme, einfache Leute, die in den Vororten Roms lebten. Aber auch viele Sklaven und Gladiatoren traten zum Christentum über. Ihnen sagte diese Religion zu, weil sie Gleichheit und Gerechtigkeit für alle versprach. Sklaven und Freigeborene, Griechen und Barbaren, Männer und Frauen - keiner sollte in der neuen Gemeinschaft der Christen benachteiligt oder ungerecht behandelt werden.

Es waren vor allem die Juden in der Stadt, die die Lehren des Christentums bekannt machten. Nach der Zerstörung des Tempels in Jerusalem durch Kaiser Titus im Jahr 70 n.Chr. wurden Zehntausende von Juden als Kriegsgefangene nach Rom verschleppt. Sie wussten von der Glaubenslehre Christi und waren Zeugen seines Leidensweges. Auch zahlreiche Händler, Handwerker und Soldaten, die aus Palästina nach Rom zurückkehrten, verbreiteten den neuen Glauben.

Die Apostel Petrus und Paulus predigten in Rom das Christentum.

Christenverfolgungen

Für die römischen Kaiser, die ihr Kaiserreich mit Hilfe vieler untergebener Soldaten und Sklaven aufgebaut hatten, bedeutete diese neue Religion eine große Gefahr. Denn die Kaiser ließen sich selbst als Götter verehren. Trotzdem zwangen sie die Christen zunächst nicht, weiterhin die römischen Götter anzubeten. Das Christentum fand jedoch immer mehr Anhänger unter den Einwohnern der Stadt. Nach dem Brand von Rom im Jahr 64 n.Chr. begannen unter Kaiser Nero die ersten Christenverfolgungen. Man beschuldigte die Christen der Brandstiftung. Bis zum 4. Jahrhundert wurden in Rom tausende Christen gekreuzigt oder enthauptet - viele von ihnen im Stadion des Nero.

Bildnis des Kaisers Konstantin

Die christliche Lehre erobert das Römische Reich

Kaiser Konstantin, dessen Mutter sich zum Christentum bekannte, räumte im Jahr 313 n.Chr. den Christen nach Jahrhunderten der Verfolgung Religionsfreiheit ein. Der Kaiser Theodosius erhob schließlich den christlichen Glauben 380 n.Chr. zur Staatsreligion des Römischen Reiches.

Das Ende des römischen Reiches

Das Reich war riesig, und sein Reichtum lockte. Mit der Zeit versuchten immer mehr feindliche Stämme, durch die langen Grenzen einzudringen. Um den Bedrohungen zu begegnen, teilte man das Reich in zwei Teile: Das Ostreich, mit der Hauptstadt Konstantinopel, dem heutigen Istanbul; und das Westreich, mit Rom als Hauptstadt. Im Jahr 410 eroberte der westgotische König Alarich die Stadt mit seinen Truppen und plünderte sie. Rom erholte sich von diesem Schlag nicht mehr. Es war wiederum ein Gote, der das Imperium Romanum offiziell im Jahre 476 n.Chr. beendete. Odoaker fiel mit seinen

Kriegern in Rom ein und stürzte den Kaiser Romulus Augustulus - dieser war der letzte von insgesamt etwa 250 Herrschern, die die Geschicke der Stadt und des Reiches gelenkt hatten.

Das Mittelalter -
Rom fällt ... und erstrahlt in neuem Glanz

Das römische Reich lebte im Osten mit seiner Hauptstadt Konstantinopel fort. Rom gab seine Führungsrolle ab. Die Stadt wurde immer wieder von Goten und anderen umherziehenden Eindringlingen angegriffen. Diese plünderten, raubten und verwüsteten. Nach etlichen Überfällen im 5. und 6. Jahrhundert versank die Stadt für zwei Jahrhunderte in Tiefschlaf. Die Bevölkerung schrumpfte auf einige Tausend zusammen. Unkraut überwucherte die einst prächtigen Bauten der Antike.

Die Päpste lenken Roms Geschicke

Der Bischof von Rom ist das Oberhaupt der Christen. Denn er ist Nachfolger des ersten Bischofs von Rom, des Apostel Petrus. Damit war und ist Rom Hauptstadt der christlichen Religion. Durch die Päpste erlebte Rom im 8. und 9. Jahrhundert neuen Aufschwung. Ihre Macht und ihr Einfluss auf weltliche Herrscher wuchsen. Papst Leo III. krönte in der Peterskirche am Weihnachtsabend des Jahres 800 Karl den Großen, den König der Franken, zum Kaiser. Karl, der große Teile Frankreichs und Germaniens beherrschte, war der erste Kaiser eines mächtigen europäischen Reiches, das sich als christlicher Nachfolger des Imperium Romanum verstand. (Dieses Reich wurde später „Heiliges Römisches Reich" genannt.)
In der Folgezeit ließen die Päpste in Rom neue Kirchen bauen, um ihre Macht vor Augen zu führen. Doch die Stadt kam nicht zur Ruhe. Immer wieder wurde sie Ziel neuer Überfälle. Verheerend war der Einfall skandinavischer Normannen im Jahr 1084, die Rom brandschatzten. In diesen Verwüstungen soll die antike Stadt endgültig untergegangen sein. Seit dem 4. Jahrhundert regierten die Päpste als Oberhäupter der Kirche auch über einen eigenen Staat, den so genannten

Kirchenstaat. Die größte Ausdehnung erreichte dieser Staat um das Jahr 1870. Gebiete in Süd-, Mittel- und Norditalien mit der Hauptstadt Rom gehörten zu seinem Herrschaftsbereich. Der Kirchenstaat zählte damals über drei Mio. Einwohner. Die weltliche Macht, die sich die Päpste mit diesem Staat schufen, führte über viele Jahrhunderte zu einer Reihe von Konflikten mit Königen und Kaisern. Der heutige Vatikanstaat (s. Kapitel „Der Vatikan - Das kleinste Land der Welt") ging aus dem Kirchenstaat hervor.

Prächtiges Rom

Ab dem 13. Jahrhundert entfalteten sich in Italien Handwerk und Handel. Viele Städte blühten in der Folgezeit auf. Es entstanden herrschaftliche Gebäude; Plätze und Straßen wurden angelegt. Es war dies die Zeit der Renaissance (*s. Begriffserklärungen*). Rom war jedoch keine ausgesprochene Handelsstadt. Hier gab es zwar auch reiche Adelsfamilien, die Orsini, Chigi, Farnese, Colonna oder Borghese hießen, um nur einige der bekanntesten zu nennen. Die Geschicke der Stadt wurden aber im wesentlichen von den Päpsten gelenkt. Die Kirchenväter standen im 15. Jahrhundert in Sachen Reichtum den mächtigen Adelsfamilien in Florenz oder Venedig in nichts nach - im Gegenteil. Die bekanntesten Künstler der Zeit wurden von den Päpsten nach Rom geholt, um aus der Stadt einen glanzvollen Papstsitz zu machen. Prunkvolle Kirchen und Paläste entstanden.

Blick auf Rom im 19. Jahrhundert

Aber Rom wurde noch einmal Opfer einer wilden Plünderung, des so genannten „Sacco di Roma" (das „Einsacken von Rom"). Im Jahr 1583 eroberten die deutschen und spanischen Truppen Kaiser Karls V. die Stadt. Wieder einmal hatte eine Auseinandersetzung zwischen einem Papst und einem Kaiser zu Kriegshandlungen geführt. In der verwüsteten Stadt brach zu allem Übel die Pest aus. Unter der Bevölkerung herrschte große Hungersnot. Die Einwohnerzahl schrumpfte auf 50.000

zusammen. Doch Rom erholte sich. Im 16. Jahrhundert wuchs der Reichtum der Kirche ins schier Unermessliche. In dieser Zeit des Barock (*s. Begriffserklärungen*) errichtete man viele aufwendige und ausdrucksstarke Brunnen, Kirchen und andere Baudenkmäler.

Während große Teile der Bevölkerung in Armut lebten, war das Leben der Päpste und der römischen Adelsgesellschaft verschwenderisch. Sie feierten Feste und umgaben sich mit Prunk. Für viele Christen war der Glaube an Gott nicht mit einem Leben in Reichtum vereinbar. Das luxuriöse Leben der Päpste war für sie ein gewichtiger Grund (es gab aber noch viele andere), sich von der Gemeinschaft der Christen, die vom Papst geführt wurde, zu trennen. Es kam zur Spaltung in einen katholischen und einen protestantischen Glauben (*s. Begriffserklärungen*). Ohne die Vorliebe jener Päpste für das Prächtige wäre Rom aber heute nicht, was es ist: Eine Stadt mit großartigen Plätzen und Straßen, kunstvollen Brunnen und berühmten Kirchen, die in ihrem Innern wertvollste Kunstschätze bergen.

Die Piazza Navona

Die Antike - und was davon übrig geblieben ist ...

Das antike Rom hat viel Wissen in Form von Büchern hinterlassen. Diese Bücher wurden im Laufe der Jahrhunderte immer wieder abgeschrieben: Gedichte, Theaterstücke, geschichtliche Darstellungen, Gesetzestexte, aber auch Kochbücher oder Bücher über Kriegsführung. Die antike römische Kultur hat die Kultur Europas über die Jahrtausende bis heute entscheidend geprägt. Rom, und mit ihm Griechenland, das für die Römer stets ein wichtiges Vorbild gewesen ist, sind gewissermaßen die Wiege der europäischen Kultur. Viele Spuren der Antike zeigen sich auch heute noch deutlich.

Architektur
Die Architektur, die Baukunst, haben die Römer wesentlich geprägt. Sie haben wichtige technische Möglichkeiten entwickelt, wie den Bogen oder die Zementherstellung. Auch bestimmte Bauformen, wie der Triumphbogen, sind immer noch weitverbreitet (der Arc de Triomphe in Paris etwa). Viele öffentliche Bauwerke unserer Zeit, wie Bibliotheken oder Museen, sind römischen Tempeln nachempfunden.

Philosophie *(s. Begriffserklärungen)*
Bedeutende griechische Philosophen, wie z.B. Platon und Aristoteles, wurden von den Römern ins Lateinische übersetzt. Ihre Gedanken blieben daher erhalten. Rom selbst hat herausragende Philosophen hervorgebracht (Seneca, Horaz, Kaiser Mark Aurel usw.), deren Denken eine wichtige Grundlage für unsere Vorstellungen vom Zusammenleben der Menschen darstellt.

Politik
In der Politik geht die Form der Republik *(s. Begriffserklärungen)* auf Rom zurück. In der Republik wählt das Volk die Regierung, die für eine bestimmte Periode im Amt bleibt.

Sprache und Schrift

Die Sprache der Römer nennt man Latein. Und zwar nach dem Stamm der Latiner, der in der Gegend um Rom siedelte. Die lateinische Sprache hat sich bis heute in verschiedene Richtungen, wie Italienisch, Französisch, Spanisch, Portugiesisch oder Rumänisch, weiterentwickelt. Im Deutschen oder Englischen stammen viele Fremdwörter aus dem Lateinischen.

Auch unser Alphabet geht auf das römische zurück; genauso die Namen der Monate. Einige davon sind die Namen antiker Götter - wie etwa der März (Mars, der Kriegsgott) oder Juni (Juno, die höchste Göttin der Römer, Schutzherrin der Ehe).

Nicht nur im Lateinunterricht trefft ihr auf das Imperium Romanum. Seine Kultur hat tiefe Spuren hinterlassen und begegnet uns auch heute noch in vielfältiger Weise.

Große Künstler in Rom

Michelangelo Buonarotti, genannt „Michelangelo“, wurde 1472 in einem kleinen Ort in der Toskana geboren. Er entstammte einer adligen Familie. Schon als Kind bewies er Talent im Zeichnen, und so schickte ihn sein Vater in die Lehre zu einem bekannten Künstler jener Zeit. Berühmt wurde Michelangelo zuerst als Bildhauer. Er schuf in Florenz eine heute weltberühmte, vier Meter hohe Skulptur - den „David“. Zwei Jahre hatte er gebraucht, um aus einem riesigen Marmorblock diese Figur herauszumeißeln. In Florenz war man so hingerissen von „David", dass man ihn vor dem Rathaus aufstellte. Es dauerte nicht lange, dann wurde der junge, aber schon angesehene Künstler von Papst Julius II. nach Rom gerufen. Dort hat er im Laufe seines langen Lebens (er wurde 89 Jahre alt) zahlreiche Arbeiten ausgeführt, die sein umfassendes Können unter Beweis stellen. Als Baumeister fertigte er die Pläne für den Kapitols-Platz und die Kuppel der Peterskirche; als Bildhauer schuf er die „Pietà“ und den „Moses"; und als Maler dekorierte er die Sixtinische Kapelle.

Raffaello Sanzio, genannt „Raffaello" (oder im Deutschen Raffael), wurde 1483 in der Stadt Urbino geboren. Sein Vater war Maler und angesehener Dichter am Hofe des Fürsten von Urbino. Raffael war ein fleißiger Schüler, und schon als junger Mann war er ein berühmter Maler. Papst Julius II. rief auch ihn nach Rom. Er wurde mit der Ausschmückung der päpstlichen Privaträume im Vatikan betraut. Viel bewundert sind seine riesigen Wandbilder. Zudem erhielt er vom Papst die Oberaufsicht über den Bau der Peterskirche und arbeitete als Architekt. Beeindruckend sind auch seine vielen Tafelbilder, auf denen er zumeist Szenen mit der Madonna (der heiligen Maria) oder anderen Heiligen dargestellt hat. Fürsten und Herrscher aus ganz Europa wollten Werke von Raffael kaufen. In seiner Werkstatt hatte er viele Künstler angestellt, die ihm bei der Ausführung der Aufträge halfen. Am Tag seines 36. Geburtstags, einem Karfreitag, starb Raffael völlig unerwartet. Raffael und Michelangelo gelten als „begnadete“ Maler der Renaissance (*s. Begriffserklärungen*).

Gian Lorenzo Bernini wurde 1598 in Neapel geboren. Auch er war ein umfassender Künstler: Architekt, Maler, Dichter, vor allem aber Bildhauer. Als 10-Jähriger zog er mit der Familie nach Rom, wo er dann sein ganzes Leben verbrachte. Sein Vater war ebenfalls Künstler. Mit ihm arbeitete Gian Lorenzo schon als Kind. Eines Tages soll Papst Paul V. den Jungen bei der Arbeit beobachtet haben. Erstaunt über dessen Fähigkeiten, wollte der Papst von ihm wissen: „Was kannst du denn alles?" Ohne mit der Wimper zu zucken, erwiderte Gian Lorenzo: „Alles, was Ihr wünscht, Eure Eminenz!". Da der Papst aber keine genauen Vorstellungen äußerte, hat ihm Gian Lorenzo kurzerhand einen Kopf des Apostel Paulus aus Stein gehauen. Der Papst war davon so angetan, dass er 10 Goldstücke in die kleine Hand Gian Lorenzos drückte. Später sollte Bernini übrigens sehr reich und auch sehr alt (82 Jahre) werden. Für die Päpste hat er eine Vielzahl von bedeutenden Kunstwerken geschaffen, wie etwa den Vier-Ströme-Brunnen auf der Piazza Navona, den Baldachin über dem Papst-Altar in der Peterskirche oder die Engel auf der Engelsbrücke. Bernini war ein Meister des Barock (*s. Begriffserklärungen*). Er hat diesen Stil entscheidend mitgeprägt.

Michelangelo Merisi, genannt Caravaggio, wurde im Jahr 1573 im kleinen Dorf Caravaggio in der Provinz der norditalienischen Stadt Bergamo geboren. Es ist keine Übertreibung zu sagen, dass seine Malkunst die gesamte Malerei in Europa beeinflusste. Caravaggio wollte in seiner Malerei die perfekte Wiedergabe der Natur erreichen. Die Menschen, die er im Bild darstellte, scheinen aus Fleisch und Blut, die Dinge wirklich. Doch zuweilen wurden seine Bilder von den Altären der Kirchen entfernt. Zu ungeschminkt wirkten manche religiöse Darstellungen auf die kirchlichen Auftraggeber. Caravaggio kam im Jahr 1592 nach Rom, wo er seine Hauptwerke in der Kirche San Luigi dei Francesi und Santa Maria del Popolo anfertigte. Privat war Caravaggio eine eher ungestüme Persönlichkeit und hatte oft Händel mit dem Gericht; nicht selten war er in Schlägereien oder Duelle verwickelt. Aus vielen seiner Aufenthaltsorte wie Rom, Neapel oder Malta musste er wegen drohender Inhaftierung fliehen. Erst 37-jährig starb der große Maler im Jahr 1610 in Porto Ercole, einem kleinen Fischerort nicht weit von Rom. Er war hilflos und von den vielen durchlittenen Strapazen völlig erschöpft.

Übersichtsplan: Das antike Rom

Erklärung

- Parks und Gärten
- Eis und Leckereien
- Statue
- Restaurant
- Brunnen
- Pizza
- Hotel
- Museum

Auf den Stadtteilkarten sind nebenstehende Symbole eingezeichnet: Sie verschaffen euch einen schnellen Überblick darüber, was es auf den Rundgängen noch zusätzlich an Sehenswertem gibt. Beschreibungen der Brunnen und Statuen findet ihr im Kapitel „Rom – Die Stadt der tausend Wunder". In diesen Stadtteilkarten sind auch nützliche Informationen enthalten. Wer mehr wissen möchte zu Adressen von Restaurants, Pizzerien, Hotels, Parks, Gärten, Museen und Eisdielen, muss im Kapitel „Tipps" unter der angegebenen Nummer nachsehen.

Das antike Rom - Wo alles begann

Endlich hatten Bitten und Betteln Erfolg: Die Eltern erlaubten Pollina und ihrem Bruder, „allein" auf Entdeckungsreise durch die Stadt zu gehen. Super, all die Sehenswürdigkeiten selbst erkunden, über die sie bisher in Büchern gelesen oder die sie auf Fotos und im Fernsehen bewundert hatten!

Pollino und Pollina saßen im vorderen Teil der Straßenbahn und schauten aus dem Fenster. Pollino kannte sich aus mit Straßenbahnen, Bussen und U-Bahnen in Rom. Sein Vater hatte ihn bereits zu Hause beauftragt, sich über die öffentlichen Verkehrsmittel der Stadt zu informieren. Nichts leichter als das, in null komma nix hatte er die Internet-Adresse von Rom ausfindig gemacht und das Verkehrsnetz der Stadt „ausspioniert".

Da hinten, waren da nicht die Ruinen des Forum Romanum zu erkennen? Und das hier, war das nicht das Kolosseum, an dem die Straßenbahn stoppte? Die Geschwister stiegen aus. Pollino und Pollina hielten einen Moment inne: In Wirklichkeit wirkte das Kolosseum noch viel beeindruckender als in den Büchern und Filmen.

Sie wollten zum Eingang des antiken Gebäudes. Es war nicht einfach, sich einen Weg durch die vielen Gruppen

von herumstehenden Touristen zu bahnen. Die ganze Welt schien hier versammelt. Es wurde englisch, spanisch und deutsch gesprochen, dazu eine Menge anderer Laute, die die Geschwister nicht einordnen konnten. „Sieh mal, Pollina, hier hat jede Gruppe ein Erkennungsfähnchen, damit sich auch ja kein Tourist verirrt - wie praktisch", schmunzelte Pollino.

Das Kolosseum

„Solange das Kolosseum steht, wird auch Rom stehen; wenn das Kolosseum fällt, fällt auch Rom; und wenn Rom untergeht, vergeht auch die Welt", dachte und schrieb man im Mittelalter. Bis heute hat das Kolosseum nichts von seiner eindrucksvollen Wirkung eingebüßt. Denkt man an Rom, so kommt einem dieses Wahrzeichen sofort in den Sinn. Das Kolosseum ist ein vierstöckiger, ovaler Bau; es war ursprünglich 57 m hoch, 188 m lang und 156 m breit. Nach der Ermordung Neros, der vom Volk gehasst wurde, wollte sich der neue Kaiser Vespasian sogleich bei den Römern beliebt machen. Zu diesem Zweck errichtete er ein großes Amphitheater.
Der neue Kaiser ließ das Kolosseum übrigens genau an der Stelle bauen, an der sich früher der See von Neros Luxusvilla, dem Domus Aurea, befand. An diesem See ragte Neros 35 m hohe Kolossalstatue in die Höhe. Die Römer zerstörten zwar die Statue, übernahmen aber das Wort „kolossal" als Bezeichnung für das neue Stadion.

„Brot und Spiele" - „Panem et Circenses"

Die Römer liebten Spiele aller Art. Doch das Wort „Spiele" ist eigentlich eine Verniedlichung dessen, was dabei wirklich abgehalten wurde: Gladiatorenkämpfe, Tierhetzen und künstliche Seeschlachten. Für die Kaiser waren solche Spiele ein Mittel, um das Volk in Stimmung zu bringen.

Während der Kämpfe oder danach ließen sie Essen oder Getreide an die Leute verteilen. Bei der Einweihung des Kolosseums im Jahr 80 v.Chr. wurden an einem einzigen Tag 5.000 wilde Tiere abgeschlachtet. Und zum 1000. Jahrestag der Gründung Roms ließ Kaiser Aurelianus 2.000 Sklaven gegen ausgehungerte Löwen antreten. Kein Gefangener überlebte diesen ungleichen Kampf.

Durch einen der insgesamt 80 nummerierten Eingänge betraten Pollina und Pollino das antike Stadion. Pollina freute sich, dass Kinder umsonst hinein durften. „Früher war der Eintritt auch für die Erwachsenen gratis, und man hatte noch dazu die Gelegenheit, Gladiatorenkämpfe zu sehen", meckerte Pollino.
Um sich in aller Ruhe das Innere des Stadions anzuschauen, wählte Pollino einen Sitz in der „Ehrenloge". Pollina, die einmal im Kolosseum rundherum laufen wollte, stieg die steinernen Zuschauerränge nach oben. Auf den Stufen konnte sie noch immer die Namen der Senatoren, für die einst die Plätze reserviert waren, lesen.
Es war heiß geworden, und die Sonne brannte auf Pollinos Gesicht. Im antiken Rom schützten große Segel die Zuschauer vor Sonne und Regen. „Sonnenschutz wäre auch heute angebracht", murmelte Pollino und wischte sich den Schweiß von der Stirn.

Bis zu 50.000 Zuschauer fasste das Kolosseum. Der erste Stock, das Podium, war den höheren und verdienten Soldaten vorbehalten. Der mittlere Stock war bestimmt für die freien Bürger Roms, und der dritte für das einfache Volk. Darüber saßen die Frauen, denen der Zutritt zu den unteren Rängen verboten war. Die Ehrenloge des Kaisers und seiner Familie befand sich im ersten Stock, wo auch die Senatoren, Priester und hohen Beamten Roms ihre Plätze hatten.
Von oben erkennt man die Gänge und Räume des Kolosseums, die früher unterhalb des mit Sand bedeckten Bretterbodens lagen. Hier standen die Käfige der wilden Tiere, der Stiere, Elefanten, Panther, Löwen, Tiger, Krokodile, Nilpferde, Bären, Büffel und Hyänen, die man für die Kämpfe im Kolosseum herbeischaffen ließ. Mit einer Hebebühne wurden sie nach oben in die Arena gebracht. Hier waren auch die Räume, in denen sich die Gladiatoren ankleideten und vorbereiteten.

Sklaven, Kriegsgefangene, verurteilte Verbrecher, aber auch Freiwillige kämpften als Gladiatoren. Wie heute bei den Stierkämpfen in Spanien oder unter Fußballspielern gab es richtige „Stars“, die viel Geld verdienen und sehr berühmt werden konnten. „Gladiator“ heißt auf deutsch „Schwertkämpfer“. Die Gladiatoren benutzten aber auch Rundschild und Dolch, Netz und Dreizack.

Im Jahr 404 n.Chr. wurden die mörderischen Kämpfe im Kolosseum schließlich verboten, nachdem es unter den Zuschauern schwere Krawalle gegeben hatte. Auslöser war ein Mönch namens Telemachus, der gegen das Hinschlachten von Menschen und Tieren protestierte und dabei die Menge gegen sich aufbrachte.

Im Mittelalter verwandelten die Römer das Kolosseum in einen gigantischen Steinbruch. Sie entfernten die Eisenhalterungen, die die Steine zusammenhielten, und nahmen ganze Mauerblöcke heraus. Damit bauten sie zahlreiche berühmte Paläste und Kirchen, unter anderem auch die Peterskirche. Erst Mitte des 18. Jahrhunderts stoppte Papst Benedikt XIV. den Zerfall des Kolosseums. Er erklärte die Arena zur Gedenkstätte in Erinnerung an die hier ermordeten Christen. Was nicht ganz stimmt, denn im Kolosseum waren Christen kaum an Kämpfen beteiligt. Bis heute findet aber die römische Karfreitags-Prozession im Kolosseum statt.

Die Hitze machte Pollino schläfrig. Von weitem beobachtete er, wie Pollina auf der gegenüberliegenden Seite über die Stufen kraxelte und ihm zuwinkte. Er lehnte sich zurück, und wenig später war er eingenickt.

So könnte ein Gladiatorenkampf abgelaufen sein: Ein Gladiator kämpfte seinen Gegner zu Boden. Dann blickte er ins Publikum. Die Zuschauer entschieden, ob der Unterlegene getötet werden oder weiterleben sollte. Hielten sie die Daumen in die Höhe, war er gerettet, nach unten, bedeutete seinen Tod.

Im Traum hörte er ein leises Schluchzen, das immer näher kam. Er blickte sich um und sah ein paar Stufen weiter einen Jungen. Mit verweinten Augen saß er da und Tränen flossen über seine Wangen. Der Junge war etwa in Pollinos Alter, aber irgendwie seltsam angezogen. Er trug ein weißes Wollkleid, das von einem Ledergürtel an der Hüfte zusammengehalten wurde. Die Füße steckten in einfachen Sandalen. Pollino stand auf und ging zu dem Jungen. „Was hast du?", wollte er wissen, „kannst du deine Eltern nicht mehr finden?" Mit traurigem Blick sah der Junge zu Pollino. „Nein, das ist es nicht", erwiderte er, „mein bester Freund wurde verkauft." „Verkauft?", fragte Pollino verblüfft.

„Mein Name ist Lucius. Ich wohne nicht weit von hier, auf dem Palatin. Meine Eltern sind reich, weißt du, und wir können in einem schönen Palast, einem Domus, wohnen. Ich hatte Glück, dass mein Vater mich nach meiner Geburt in die Familie aufnahm und anerkannte, denn sonst wäre ich ausgesetzt worden oder gestorben. Am neunten Tag nach meiner Geburt erhielt ich diese Kapsel hier an meinem Hals. Sie wird „bulla" genannt und enthält einen Glücksbringer, der mich vor allem Bösen bewahren soll. Ich muss sie noch vier Jahre mit mir tragen, bis ich 14 Jahre alt bin. Dann bin ich ein Mann und kann sie abnehmen. Darauf freue ich mich schon jetzt. Denn dann kann ich endlich über meine Tunika die schicke Toga anziehen.

Lucius zeigt seine bulla. Er trägt eine Tunika, ein weißes Wollkleid mit Ledergürtel. Erst mit 14 Jahren durften die Burschen die Toga anlegen. Sie war ein mantelartiger Umhang.

Leider habe ich nur Schwestern und keinen einzigen Bruder. Mein Vater hat mir deshalb einen Sklaven gekauft. Yassir ist genauso alt wie ich und kommt aus Ägypten. Seit fünf Jahren wohnt er nun schon bei uns. Wie alle Sklaven gehört auch Yassir zu unserer Familie. Zuvor lebte er mit anderen Ägyptern in einem ärmlichen Wohnviertel. Dort ist es sehr schmutzig und laut. Du musst sogar aufpassen, dass dir kein Abfall auf den Kopf fällt; den schütten viele Leute einfach aus dem Fenster. Yassir erzählte mir, dass es in seinen 'insulæ', seinem Wohnhaus, nicht einmal fließendes Wasser gab. Er wohnte im obersten Stock, und immer wenn er pinkeln wollte, musste er alle sechs Stockwerke herunterlaufen. Es gab nur eine öffentliche Toilette, und die lag auf der Straße. Yassir hat sogar einmal einen Brand miterlebt. Beim Kochen hatte jemand nicht aufgepasst. Das Kohlebecken, mit dem gekocht und geheizt wird, fiel um, und die heiße Glut setzte in wenigen Minuten das ganze Haus in Brand.

Als ich mit sieben Jahren in die Schule kam, musste Yassir immer zuhause bleiben und sich um unseren Garten kümmern. Ein erwachsener Sklave begleitete mich zur Schule und trug meinen Schulbeutel mit der Wachstafel, den Papierrollen und den Metallstiften. Der Unterricht beginnt schon frühmorgens und dauert bis Mittag. Nur Söhne wohlhabender Eltern dürfen eine Schule besuchen, deshalb gibt es auch nur kleine Klassen mit 10 bis 12 Kindern. Die Kinder ganz reicher Eltern werden sogar zuhause unterrichtet. Unser Klassenzimmer ist nur mit einem Vorhang von der Straße getrennt. Am Markttag ist der Lärm so groß, dass wir schulfrei bekommen. Leider ist nur alle acht Tage Markt! Überhaupt konnte ich die Schule am Anfang gar nicht leiden. Wie oft habe ich mir damals gewünscht, aus einer armen Familie zu stammen.

Na ja, trotzdem lernte ich schnell lesen, schreiben und rechnen. Mein Lehrer kommt aus Griechenland und ist sehr streng. Wenn wir etwas nicht richtig vorlesen oder wiederholen, schlägt er uns mit einer Rute auf die Finger. Zum Glück erhalte ich ganz gute Noten. In zwei Jahren, wenn ich 12 Jahre alt bin, möchte mein Vater mich zu einem höheren Lehrer, dem 'grammaticus', schicken. Dort kann ich Griechisch und Latein, Mathematik, Geometrie, Geschichte und Astrologie lernen. Mein Traum ist es, Rechtsanwalt wie mein Vater zu werden. Doch dafür muss ich noch Rhetorik, das ist die Kunst der freien Rede, erlernen und gut Griechisch sprechen und schreiben. Das können alle gebildeten Römer. Nach der Schule, mit 14 Jahren, werde ich dann eine Zeit lang im römischen Heer dienen.

Immer wenn ich aus der Schule zurückkam, ging ich mit Yassir spielen. Am liebsten spielten wir mit Würfeln und Kreiseln oder fochten heimlich mit Holzschwertern, was Papa gar nicht gern sah. Wir waren wie zwei Brüder. Zwischen uns gab es auch nie Streit. Aber als ich vor zwei Tagen nach Hause kam, war Yassir plötzlich verschwunden. Überall suchte ich nach ihm. Niemand konnte mir sagen, wo er steckte. Am Abend kam mein Vater zurück und ich fragte ihn sofort nach Yassir. Aber was für ein Unglück! Mein Vater hatte Yassir an die Gladiatorenschule verkauft. Er meinte, ich wäre jetzt alt genug und bräuchte keinen Sklaven mehr zum Spielen. 'Aber er ist doch mein bester Freund!' Mein Vater erwiderte nur: 'Menschen wie du und ich haben keine Sklaven als Freunde, und jetzt hör endlich auf mit dem Geheul'. Seitdem suche ich nach Yassir. Ich war schon in allen Gladiatorenschulen der Stadt, auch in der vom Kolosseum. Niemand weiß etwas von meinem Yassir. Ach, wäre ich doch nie als Sohn reicher Eltern zur Welt gekommen!"

Wieder begann der Junge hemmungslos zu schluchzen. Pollino wollte ihn tröstend mit der Hand streicheln.

Plötzlich schüttelte ihn jemand. „He, Pollino, wach auf! Du musst aus der Sonne, dein Kopf ist schon ganz rot. Pass auf, dass du keinen Sonnenstich kriegst!" Pollino blickte in das Gesicht seiner Schwester. Sie verließen das Kolosseum. und gingen zum Eingang des Palatin.

Angesichts des üblichen Andrangs am Haupteingang des Forum Romanum wählt auch ihr am besten den Weg über den Palatin-Hügel. Der **Eingang zum Palatin** befindet sich an der **Via di San Gregorio**. Zuvor trefft ihr auf den

Konstantinsbogen. Er ist der größte Triumphbogen in Rom. Seit dem 2. Jahrhundert v.Chr. errichtete man in der Stadt Ehrensäulen und Triumphbögen für Heeresführer und bedeutende Bürger. Mit der Zeit wurden es jedoch zu viele. Daher wurde bestimmt, dass nur noch Kaiser einen Triumphbogen erhalten sollten. Wie sein Name schon sagt, wurde der Konstantinsbogen zu Ehren des Kaisers Konstantin, und zwar im Jahr 315 v.Chr., errichtet.

Die Reliefs auf dem Triumphbogen erzählen von den glorreichen Taten Kaiser Konstantins, zeigen aber auch Szenen aus dem Leben anderer Kaiser. Einige Abbildungen wurden einfach von älteren Bauten „geklaut". Die Inschrift über dem mittleren Bogen erzählt, wie Konstantin durch „göttliche Eingebung" viele Kämpfe gewinnen konnte.

„Lass uns gleich links den Weg nach oben gehen. Auf dem Palatin-Hügel wurden Spuren der ältesten Siedlung von Rom gefunden. Man glaubt, dass auch Romulus, der Stadtgründer von Rom, auf dem Palatin wohnte", sagte Pollino mit klugem Gesichtsausdruck zu seiner Schwester. „Weißt du eigentlich, woher der Name 'Palatin' stammt?", fragte Pollina. Pollino verneinte. „Der kommt wahrscheinlich von 'Pales'. So hieß die Göttin der Schäfer und Hirten, die auf diesem Hügel vor über 2.600 Jahren lebten." Pollino war überrascht von so viel Wissen und mächtig stolz auf seine Schwester.

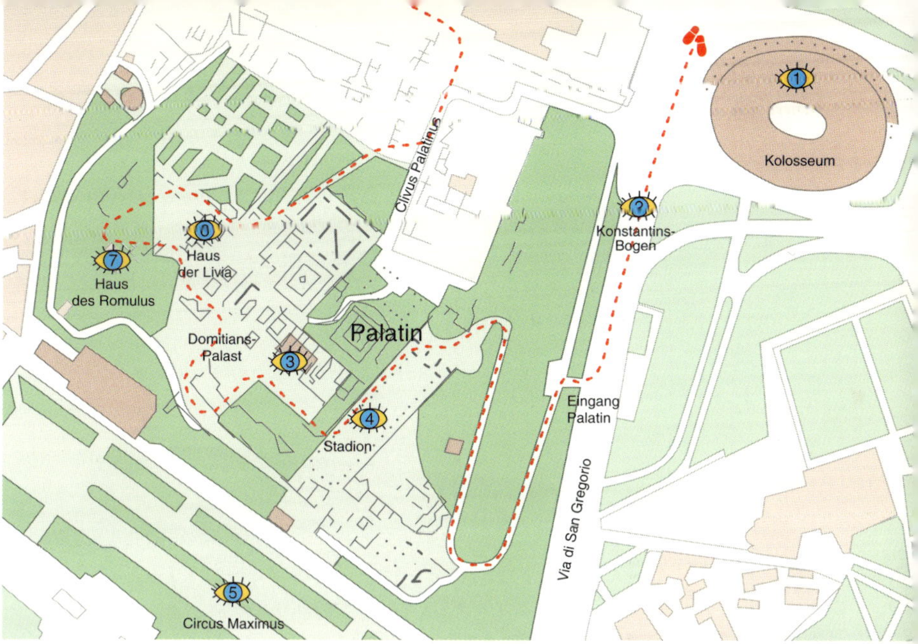

Der Palatin

Der Anstieg zum Palatin-Hügel ist zwar steil, führt aber durch einen schattigen Pinienwald. Zunächst gelangt ihr zum **Domitianspalast**. Der Palast setzte sich aus drei riesigen Gebäuden zusammen: 1. dem Hauptpalast, dem Domus Flavia (hier empfing der Kaiser seine Gäste); 2. dem kleineren Palast Domus Aurea (hier erledigte der Kaiser seine Regierungsgeschäfte); 3. dem Wohnhaus des Kaisers, dem Domus Augustana. 15 Jahre lang wurde am Domitianspalast gebaut, von 81-96 n.Chr. Es entstand ein Palast, der, nach Meinung des Dichters Statius, „sogar den Neid des Gottes Jupiter erweckt hätte".

Leider ist von dem früheren Prachtbau nicht mehr viel übrig. Am besten erhalten ist das **Stadion des Domitian**. Man ist sich allerdings nicht sicher, ob der Kaiser hier Pferderennen, Spiele und Wettkämpfe veranstalten ließ oder ob das Stadion nur als Garten diente. Dabei könnte die kaiserliche Familie in der umlaufenden Säulenhalle, die sowohl vor Hitze als auch Regen schützte, spazieren gegangen sein.

Links:
Der Konstantinsbogen

„Wenn man bedenkt“, sagte Pollina zu ihrem Bruder, „dass hier einmal das Wohnviertel der Reichen und der Kaiser war. Meine Lehrerin hat mir erzählt, dass die Wörter ‘Palast’ und ‘Pfalz’ sich aus ‘Palatin’ entwickelt haben. Hast du das gewusst?“ Pollina drehte sich um, doch ihr Bruder war verschwunden. Pollino war durch das Domus Augustana zum Rand des Palatin-Hügels gegangen.

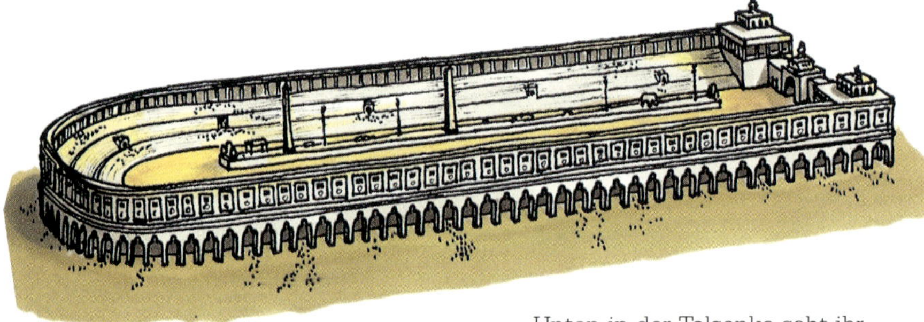

Unten in der Talsenke seht ihr den **Circus Maximus**, den ältesten und größten Zirkusbau im antiken Rom. Der Circus Maximus wurde im 2. Jahrhundert v.Chr. in der Form eines griechischen Stadions errichtet. Wie die Griechen wollten sich auch die Römer mit Pferde- und Wagenrennen vergnügen. Bis zu 350.000 begeisterte Zuschauer sahen hier täglich über 100 Rennen. Ein Mittelstreifen teilte den Platz in zwei Bahnen von je 500 Meter Länge.

Jedes Pferdegespann stand unter dem Schutz eines Gottes und trug dessen Farbe: Weiß war die Farbe des Götterkönigs Jupiter; Blau die des Meeresgottes Neptun; Grün die der Venus, der Göttin der Liebe und Schönheit; und Rot die Farbe des Kriegsgottes Mars. Die Pferdewagen und ihre Fahrer hatten insgesamt sieben Runden zurückzulegen, das waren etwa 7,5 Kilometer. Wie viele Runden noch gefahren werden mussten, zeigten auf der einen Seite hölzerne Eier und auf der anderen Delphine aus Bronze an. Regeln gab es keine, und jede Unsportlichkeit war erlaubt. Besonders in den Kurven konnten sich die Räder der Wagen berühren und brechen, dabei Pferd und Reiter stürzen und tödlich verunglücken. Meist lenkten Sklaven die Wagen. Wer viele Rennen gewonnen hatte, konnte sich die Freiheit erkaufen und sogar sehr reich werden. Aber nicht nur die Reiter wurden von den Römern als Idole verehrt,

auch die Pferde. Kaiser Caligula hatte ein Lieblingspferd, für dessen Wohlbefinden er alles tat. Am Tag vor einem Rennen ließ er Soldaten vor dem Stall Wache halten, damit niemand sein Pferd störte. Caligula hat dem Pferd sogar ein Haus mit vollständiger Einrichtung und Sklaven geschenkt.

„He, da bist du ja. Wieso sagst du nicht Bescheid, wenn du weggehst?" Wütend gab Pollina ihrem Bruder einen Klaps. „Hast du schon mal 'Ben Hur' gesehen, Pollina?" „Nee, ich kann Muskelmänner-Filme nicht ausstehen ...",

Wandmalereien im Haus der Livia

6 Nicht weit vom Domitianspalast findet ihr die Reste eines vornehmen und einst prunkvollen römischen Wohnhauses. Das **Haus der Livia** kaufte Kaiser Augustus im Jahr 36 v.Chr. für seine Gattin. An den Mauern kann man noch antike Wandmalereien bewundern.

7 Vom Haus der Livia geht es einen Abhang hinunter zum **Haus des Romulus**. Hier soll der Stadtgründer Roms gewohnt haben. Wie die anderen Bewohner des Palatin-Hügels lebte auch Romulus in einer Lehmhütte mit Strohdach. An der Stelle, an der seine Hütte gestanden haben soll, kann man Löcher für die Stützpfosten des Daches erkennen.

„Hast du ein Glück, dass ich nicht ein Typ wie Romulus bin", sagte Pollino zu seiner Schwester. „Was meinst du damit?", fragte Pollina. „Nun, nachdem klar war, dass Romulus der Herrscher über Rom sein sollte, baute er eine Mauer um 'seine' Stadt. Sein Bruder Remus fand das Ganze lächerlich und sprang einfach über die neue Stadtmauer. Romulus reagierte schnell - und brutal: er erschlug Remus." Pollina schwieg eine Zeit lang, dann sagte sie lächelnd: „Bis du zum König einer Stadt wirst, bin ich längst Staatspräsidentin und genauso mächtig wie du!" Pollino nahm seine Schwester bei der Hand und ging mit ihr über einen schmalen Weg, den ***Clivus Palatinus****, zum Forum Romanum hinunter.*

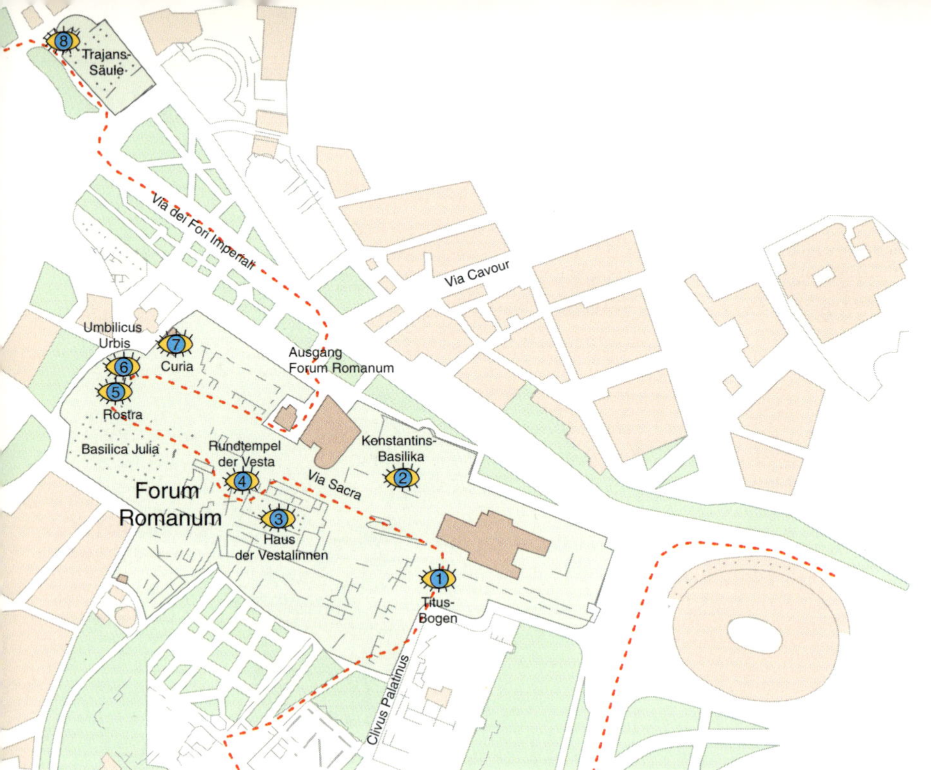

Das Forum Romanum

Ursprünglich war das Gelände, auf der das **Forum Romanum** errichtet wurde, eine sumpfige Talsenke. Erst nachdem Etruskerkönige das Tal entwässern ließen, konnte der Boden gepflastert werden. Zunächst diente das Forum als Marktplatz. Aber schon bald wurde auf dem Forum Romanum nicht nur gehandelt. Man errichtete immer mehr Tempel, Hallen und Paläste, um hier die Politik und die Gesetze des antiken Rom festzulegen. Das Forum Romanum wurde zum prachtvollen Zentrum des öffentlichen Lebens der Stadt.

Jeden Tag herrschte hier riesiges Gedränge. Zwischen den Bauten liefen Offiziere und Beamte, Händler und Geschäftsleute, Musiker und Bettler. Sklavinnen besorgten für ihre Besitzer Einkäufe, und die Bürger konnten auf Tafeln die neuesten Stadtereignisse lesen. Über das ständige Geschnatter und die Geschäftigkeit legte sich der Qualm zahlreicher Imbissbuden. Statt antiker Römer wuseln heutzutage ähnliche Mengen von Touristen durch die Jahrtausende alten Ruinen.

Vom Palatin kommend, stoßt ihr zuerst auf den **Titusbogen**. Dieser Triumphbogen wurde zu Ehren des Kaisers Titus im Jahr 81 errichtet. Der Titusbogen steht am Anfang der **Via Sacra**. Diese Straße heißt deshalb „Heiliger Weg“, weil sie an den größten Heiligtümern der Stadt vorbeiführte. Hier fanden auch die berühmten Triumphzüge siegreicher Kaiser und Feldherrn statt, die sich vom Volk bejubeln ließen. Wie die aussahen, könnt ihr auf den in Stein gemeißelten Darstellungen des Bogens sehen. Titus hatte 70 n.Chr. die Juden besiegt und Jerusalem erobert. Als Triumphator zog er nun in Rom ein. Posaunenbläser kündigen ihn feierlich an. Die Soldaten tragen große Tafeln, die von seinen Heldentaten berichten. Der siebenarmige Leuchter, den man darauf abgebildet sieht, steht stellvertretend für alle Beutestücke aus Jerusalem. Auf der hinteren Seite ist Kaiser Titus dargestellt, wie er von Victoria, der Siegesgöttin, mit einem Lorbeerkranz gekrönt wird. Roma, die Stadtgöttin, führt den Festwagen, den vier Pferde ziehen. Neben dem Kaiser ist eine Sklavin abgebildet. Bei Triumphzügen war es üblich, dass neben dem Kaiser ein Sklave stand. Er sollte den Kaiser ständig ermahnten, bescheiden zu bleiben: „Denke immer daran, dass auch du nur ein Sterblicher bist!“

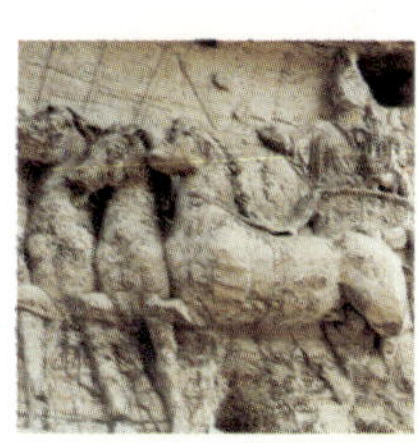

Oben: Der Titusbogen
Links: Ein Ausschnitt des Titusbogens, der den Kaiser Titus mit einer Sklavin an seiner Seite zeigt.

„Bescheiden, wer sich so feiern lässt? Mir ist er nur unsympathisch!“, rief Pollina erbost. Sie erinnerte sich: Im Religionsunterricht war des öfteren von Titus die Rede. Titus zeigte sich als unbarmherziger Feind und Unterdrücker der Juden. Deshalb machen heute noch viele jüdische Besucher des Forums lieber einen „Bogen“ um diesen Bogen.

Nach dem Titusbogen erreicht ihr die **Konstantins-** oder auch **Maxentiusbasilika**. Diese Basilika war der größte bedeckte Saal in der Antike. Die 24 Meter hohen Bögen, die hier als Ruinen stehen, vermitteln einen lebendigen Eindruck von der einstigen Größe dieses Gebäudes.

Beim Wort „Basilika“ dachte Pollino daran, dass er in der Schule einmal einem großen Irrtum aufgesessen war. Er behauptete, eine Basilika wäre eine Kirche und von den Christen erfunden. Doch Basiliken gab es bereits im antiken Rom, erklärte ihm die Lehrerin, wo sie als Gerichts- oder Markthallen dienten. Sie waren auch Versammlungsorte, in denen über Politik und Geschäfte diskutiert wurde. Pollino gefiel, als die Lehrerin hinzufügte, dass sich in den Basiliken auch immer eine Menge Faulpelze herumtrieben. Oft spielten sie dort eine Art Dame- oder Mühlespiel. An der **Basilika Julia** *kann man immer noch Reste solcher Spielbretter erkennen. Sie sind in die Marmorplatten der Stufen eingeritzt.*

Nur wenige Schritte sind es bis zum **Haus der Vestalinnen**. Die Vestalinnen waren weibliche Priester. Ähnlich wie im christlichen Brauch eine Nonne als „Braut Gottes“ aufgefasst wird, war damals eine Vestalin zur „Braut“ des Gottes Mars bestimmt (die Göttin Vesta war mit Mars vermählt). Nur Mädchen zwischen 6 und 10 Jahren aus den vornehmsten Familien der Stadt wurden für den Dienst am heiligen Feuer ausgewählt. Sie übten dieses Amt 30 Jahre lang aus. In dieser Zeit durften sie nicht heiraten und keine Kinder bekommen.

Die wichtigste Aufgabe der Vestalinnen war es, das „Heilige Feuer“ im Vesta-Tempel zu hüten. Die Römer glaubten, dass beim Erlöschen des Feuers der Stadt und ihren Einwohnern Unglück drohte. Das „Heilige Feuer“ brannte auch in den Privathäusern, um das eigene Haus und die Ehe zu beschützen. Sollte es einer Priesterin passieren, dass das Feuer erlöschte, wurde sie fürchterlich bestraft. Man verprügelte die Schuldige oder man begrub sie bei lebendigem Leib. Das Haus der Vestalinnen diente den „Hüterinnen der Heiligen Flamme“ als Wohnung. Im ersten Stock befanden sich die Schlaf- und Badezimmer. Die Vestalinnen hielten sich oft im Garten des Innenhofes (dem so genannten „Atrium“) auf. Um den Teich standen Statuen berühmter Vestalinnen.

Rhea Silvia, die Mutter der Zwillinge Romulus und Remus, war eine Verstalin.

Die Vestalinnen verließen ihr Haus nur, um sich in
4 den **Rundtempel der Vesta** zu begeben. In diesem Tempel brannte die „Heilige Flamme“, und der Göttin wurden Opfer dargebracht.

Vom Haus der Vestalinnen führt der
5 Weg zur **Rostra**, der öffentlichen Rednertribüne des Forum Romanum. Bei Ansprachen, Empfängen oder Staatsakten hielten von hier oben Kaiser und Senatoren ihre Reden. Gleich daneben war der „Nabel
6 der Stadt Rom“, der **Umbilicus Urbis**. Dieser Rundsockel galt im antiken Rom als Mittelpunkt der Stadt. Wenn ihr einen lebendigen Eindruck vom politischen Leben der damaligen Zeit bekommen wollt, dann schaut in das große und gut erhaltene Gebäude schräg
7 gegenüber. Das ist die **Curia**. Sie war der Senatssaal im antiken Rom. Innen kann man noch das Podium erkennen, wo der Vorsitzende saß; und auch die Marmorstufen, auf denen die Stühle der 300 Senatoren standen.

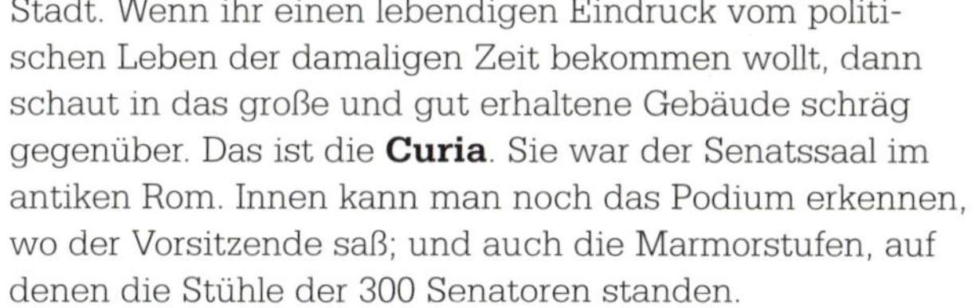

Die Geschwister waren am Ausgang des Forum Romanum, an der Via dei Fori Imperiali, angelangt. Sie wollten nun zum Kapitolshügel. Pollina grübelte: „Warum stehen von den früher so prachtvollen Bauten des Forum Romanum nur noch ein paar Steine?“ Pollino antwortete: „Am Verfall waren nicht nur die Zeit und die vielen Plünderungen nach dem Ende des römischen Reiches, sondern auch die Bewohner Roms selbst schuld. Sie haben viele Gebäude absichtlich zerstört. Besonders im Mittelalter benötigte man in der Stadt Baumaterial. Und das holte man sich einfach vom Kolosseum oder vom Forum Romanum. Die Römer errichteten sogar Brennöfen, in denen viele Gebäudeteile und Skulpturen verschwanden. Im 17. und 18. Jahrhundert war das Gelände schließlich derart verwildert, dass hier ungestört Kühe und Schafe weideten.“

Weiter geht's nun entlang der **Via dei Fori Imperiali.** Reisebusse aus aller Welt parken hier, Autos und kleine Motorroller, die so genannten Vespas, flitzen vorbei. Auf der gegenüberliegenden Straßenseite steht die **Trajanssäule**. Sie wurde im Jahr 113 n.Chr. aufgestellt und misst vom Boden bis zur Spitze 30 Meter. Darauf stand ursprünglich ein goldenes Standbild Trajans, das später durch eine Statue des Apostel Petrus ersetzt wurde. Wer will, kann die Trajanssäule über eine Wendeltreppe hinaufgehen. Die Säule ist mit Reliefs verziert, die sich über eine Länge von 200m spiralenförmig nach oben schlängeln. Sie schildern die siegreichen Feldzüge Trajans gegen den feindlichen Stamm der Daker, ein Volk, das am nördlichen Ufer der unteren Donau (dem heutigen Rumänien) lebte.

Die Trajanssäule zeigt den Sieg der römischen Truppen des Kaisers Trajan gegen die Daker.

Über 2.500 Figuren sind auf der Trajanssäule abgebildet. Trajan selbst ist auf der Säule 60 mal zu sehen. Leider sind die einst leuchtenden Farben, mit denen die marmornen Relief-Figuren bemalt waren, mittlerweile verschwunden. Gut erkennen kann man jedoch die Rüstung und die Waffen der Soldaten. Zu sehen sind Szenen, wie die Römer ihre Heerlager aufbauen oder über Schiffsbrücken marschieren. Die Reliefs über dem Sockel zeigen die Waffen und Schilder, die die Daker zum Zeichen ihrer Niederlage den Römern übergeben.

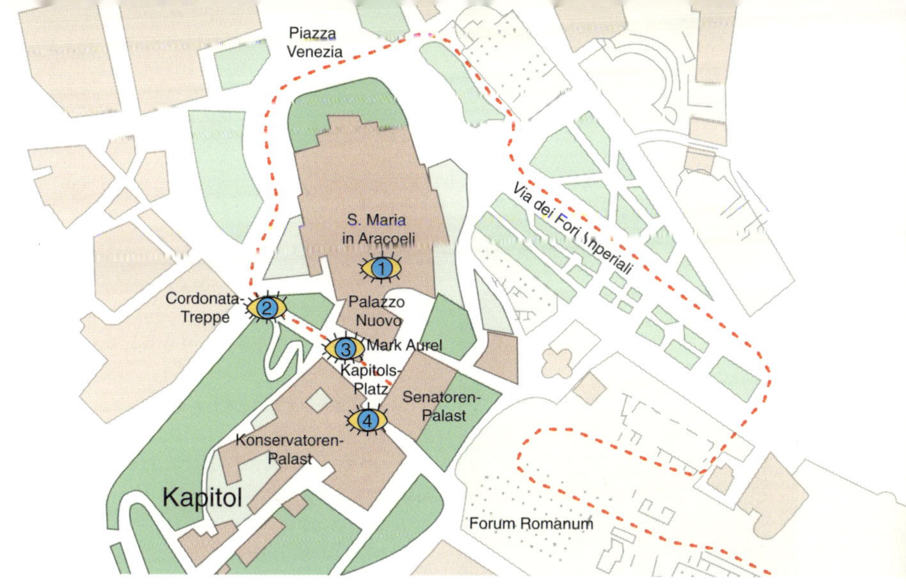

Der Kapitolinische Hügel

Zum Kapitolshügel führen zwei Treppen. Ihr habt die Wahl: Über die breite und flachere rechts gelangt ihr zum Kapitolsplatz, und über die linke, steil ansteigende Treppe zur Kirche Santa Maria in Aracoeli. Insgesamt 124 Stufen müsst ihr erklimmen, um zur Kirche zu kommen. Diese Treppe wurde im Jahr 1348 errichtet. Die Römer bedankten sich auf diese Weise bei Gott, dass er der damals wütenden Pest Einhalt geboten und sie vor weiteren Toten verschont hatte.

„Na, wie wär's mit einem Lotto-Gewinn, Schwesterchen? Du brauchst nur auf Knien diese Treppe zur Kirche erklimmen und schon bist du reich." Pollina guckte skeptisch. Pollino erklärte ihr, dass die Römer noch im 19. Jahrhundert glaubten, dass man nur dann im Lotto gewinnen, einen Ehemann finden oder Kinder bekommen könnte, wenn man alle 124 Stufen auf Knien nach oben rutschte.

Santa Maria in Aracoeli

Die Kirche wurde im 6. Jahrhundert errichtet und ist eines der ältesten Gotteshäuser in Rom. Franziskaner-Mönche haben sie später renoviert und weiter ausgebaut. Im Innern von Santa Maria in Aracoeli befindet sich eine Statue des Jesuskindes, die bei den römischen Kindern sehr beliebt ist. Aber auch die Erwachsenen schätzen und verehren den **„Santa Pupa“**, den **„Heiligen Buben“**. Angeblich wurde die Figur von Engeln aus Olivenholz geschnitzt und mit Zauberkräften ausgestattet. Immer dann, wenn sich die Lippen der Kinder-Statue röten, vermag der „Heilige Bube“ Kranke zu heilen. Die Römer glaubten so fest an seine Wunderkräfte, dass sie im Mittelalter die Statue an das Bett todkranker Menschen brachten. Noch heute bekommt der „Santa Pupa“ Post aus aller Welt, in der Kranke um Heilung bitten. An Weihnachten wird der „Heilige Bube“ geschmückt und in eine riesige Weihnachtskrippe gelegt. Der „Santa Pupa“, den ihr in der Kirche ausgestellt seht, ist allerdings eine Kopie. Diebe haben den echten 1994 gestohlen.

Der „Heilige Bube“ in der Kirche Santa Maria in Aracoeli.

Die Treppe zur **Piazza di Campidoglio**, dem Kapitols-Platz, wird auch **„Cordonata“**-Treppe genannt. Der Maler, Bildhauer und Architekt Michelangelo Buonarotti hat sie gestaltet, mitsamt den Gebäuden des Platzes. Auf dem Weg nach oben begegnet ihr einer ganzen Reihe von Statuen, die Michelangelo aus umliegenden antiken Ruinen herbeischaffen ließ. So zum Beispiel die Statuen von Kaiser Konstantin und die seines Sohnes, Konstantin II., sowie die in Stein gemeißelten Halbgötter Kastor und Pollux mit ihren Pferden.

Die Römer wollten die Zwillinge Kastor und Pollux, die auch Dioskuren genannt werden, mit Statuen ehren, weil sie auf der Seite der Römer im Jahr 484 v.Chr. gegen die Etrusker kämpften. Beide waren ausgezeichnete Soldaten und Reiter. Sie brachten die freudige Botschaft des Sieges nach Rom. Die Legende erzählt, dass Pollux unsterblich

war, sein Zwillingsbruder dagegen nicht. Als Kastor starb, bat Pollux seinen Vater Jupiter darum, mit dem Bruder das ewige Leben teilen zu können: Einen Tag sollte Pollux leben, einen Tag Kastor. Jupiter gewährte diesen Wunsch, und Kastor wurde unsterblich wie sein Bruder.

Das gemusterte Pflaster spannt sich wie ein Netz über die
3 ganze Fläche des Platzes. In der Mitte thront die **Reiterstatue des Mark Aurel**. Sie zeigt den Kaiser, wie er gerade eine Rede an sein Volk hält. Reiterstandbilder wie dieses gab es im antiken Rom eine ganze Menge. Noch im 5. Jahrhundert konnte man in der Stadt 22 Reiterstandbilder, 80 vergoldete Götterstatuen und 74 Statuen aus Elfenbein sehen. Ein Bericht nennt sogar 3.785 Bronzestatuen, die in den Straßen, auf den Plätzen und in den Nischen der Palastmauern standen. Aber von allen Reiterstandbildern ist nur die Statue des Mark Aurel geblieben.

Die antike Reiterstatue des Kaisers Mark Aurel

Dass es die Reiterstatue überhaupt noch gibt, ist einem glücklichen Umstand zu verdanken. Im Mittelalter verwechselte man den dargestellten Mark Aurel mit Konstantin, dem ersten christlichen Kaiser Roms. Nur aufgrund dieses Missverständnisses konnte das Standbild des „ungläubigen" Mark Aurel bis heute überdauern - man hätte es gewiss entfernt oder zerstört. Eine Legende besagt, dass, wenn die Statue wieder komplett mit Gold bedeckt wäre, das Ende der Welt bevorstehen würde. Um das Ende der von Autoabgasen stark beschädigten Reiterstatue zu vermeiden, wurde sie vom Kapitolsplatz entfernt und restauriert. Was ihr fasziniert bewundert, ist also nur eine Kopie. Das Original befindet sich mittlerweile im Palazzo Nuovo, gleich nebenan.

Der Platz des Kapitolinischen Hügels heißt auf italienisch Piazza di Campidoglio.

Die Gebäude, die den Platz umrahmen, sind der **Senatorenpalast** (das Rathaus von Rom), der **Konservatorenpalast** und der **Palazzo Nuovo** (in diesen beiden sind die Kapitolinischen Museen untergebracht). Großartiges hat Michelangelo geleistet: Die Paläste und der Platz, das Steinpflaster, die Statuen und das Reiterstandbild Mark Aurels - alles fügt sich harmonisch zusammen.

In der Antike sah der Kapitolshügel allerdings ganz anders aus. Da, wo jetzt der Konservatorenpalast und die Kirche Santa Maria in Aracoeli stehen, befanden sich der Tempel des Jupiter und der Tempel der Juno Moneta sowie die römische Münzanstalt.

Die Geschwister gingen zur Rückseite des Senatorenpalastes, von wo sie den herrlichen Ausblick auf das Forum Romanum genossen. Eigentlich wollte Pollina ihrem Bruder das Wort „moneta" erklären. Die Münzstätte auf dem Kapitol trug den Namen des benachbarten Tempels Juno Moneta. Nichts war deshalb naheliegender, als die geprägten Münzen mit dem Wort „moneta" zu bezeichnen. Doch Pollina war viel zu fasziniert vom Anblick des Forums, das sich vor ihr ausbreitete, und vergaß, die Geschichte zu erzählen.

Pollinas Blick vom Kapitolshügel über das Forum Romanum, auf einer Postkarte verewigt.

Übersichtsplan: Römische Plätze

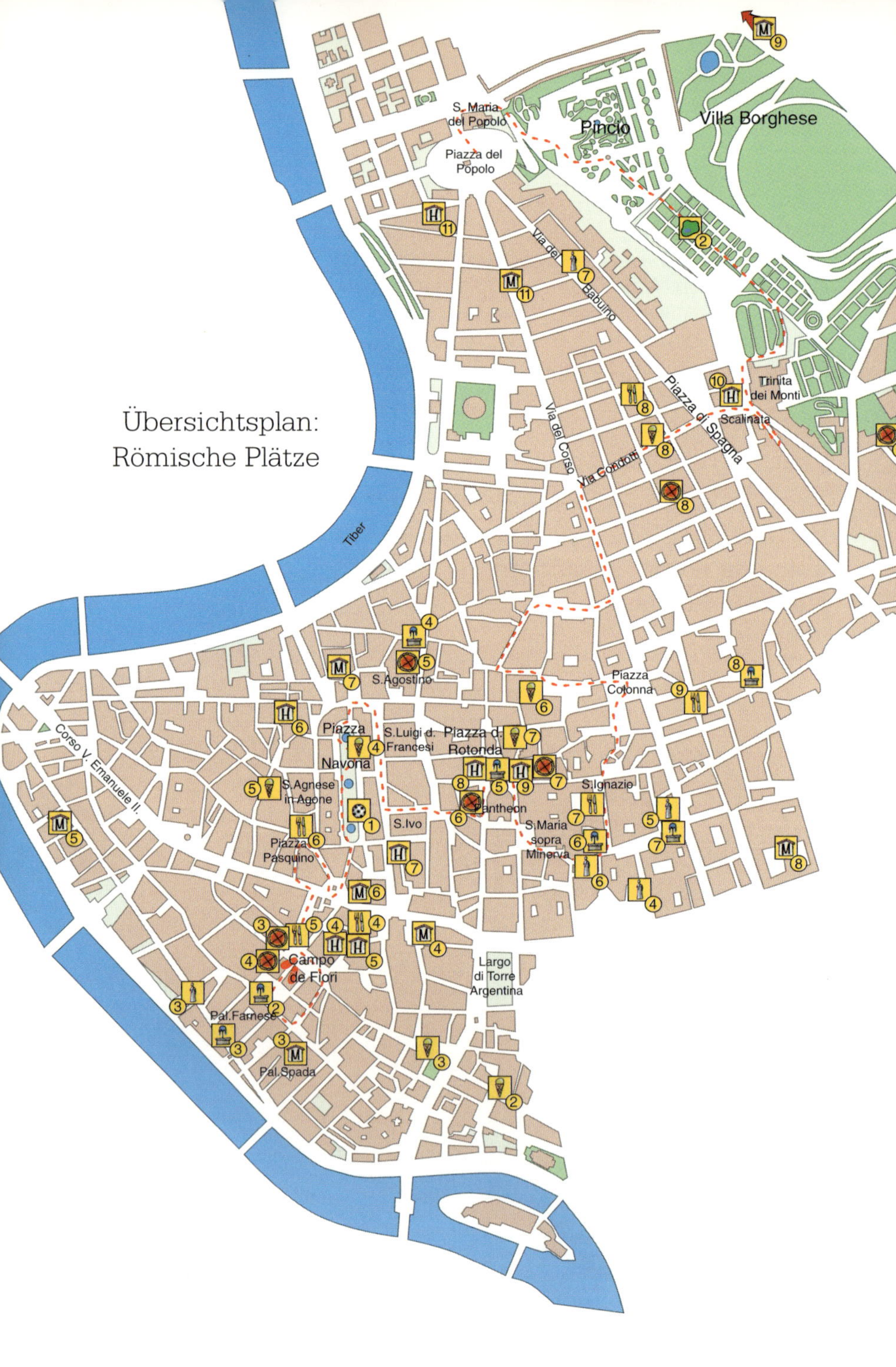

S. Maria del Popolo
Piazza del Popolo
Pincio
Villa Borghese
Via del Babuino
Trinita dei Monti
Scalinata
Piazza di Spagna
Via del Corso
Via Condotti
Tiber
S.Agostino
Piazza Colonna
Piazza Navona
S.Luigi d. Francesi
Piazza d. Rotonda
Corso V. Emanuele II.
S.Agnese in Agone
Pantheon
S.Ignazio
S.Ivo
S.Maria sopra Minerva
Piazza Pasquino
Campo de Fiori
Largo di Torre Argentina
Pal.Farnese
Pal.Spada

Römische Plätze - Das Leben in der Stadt

Rund um den Campo de' Fiori

„Weißt du, welcher Platz in römischen Liedern am häufigsten besungen wird?", wollte Pollina von ihrem Bruder erfahren. „Keine Ahnung", Pollino zuckte mit den Schultern. „Der Campo de' Fiori natürlich, die beliebteste 'Piazza' der Römer. Denn hier in diesem alten Wohnviertel gibt's eine Menge Restaurants und Bars. Und vormittags findet auf dem Platz der schönste Obst- und Gemüsemarkt Roms statt."

Der Name „Campo de' Fiori", das heißt Blumenfeld, kommt wahrscheinlich daher, dass hier einmal viele Blumen wuchsen. Früher war der Platz ungepflastert. Das klingt recht romantisch, doch auf diesem Platz spielten sich auch grausame Dinge ab. Er diente nämlich im Mittelalter als Hinrichtungsstätte. Verbrecher wurden hier gehängt und Frauen verbrannt, die man als Hexen gebrandmarkt hatte. Auf dem Scheiterhaufen endeten auch sogenannte Ketzer, Leute, die eine andere als die offizielle kirchliche Lehre verbreiteten. Der berühmteste „Ketzer", der hier sein Leben lassen musste, war der Mönch und Philosoph Giordano Bruno aus Florenz. Ein Denkmal in der Mitte der „Piazza" erinnert an seine Hinrichtung im Jahr 1600.

Markt auf dem 'Blumenfeld', dem Campo de' Fiori.

Palazzi

Nicht weit vom Campo de' Fiori findet ihr einige der schönsten „Palazzi" der Stadt. In Italien versteht man unter einem „Palazzo" nicht immer ein königliches Schloss. „Palazzi" sind aufwendig gebaute und mächtige, aber nicht unbedingt pompöse Wohnhäuser, in denen adelige oder reiche Familien lebten. Die meisten dieser „Paläste" entstanden im 15. und 16. Jahrhundert. Um ihre Gestaltung kümmerten sich die berühmtesten Architekten, Maler und Bildhauer. Die reichen Adelsfamilien Roms waren als Kunstliebhaber bekannt. Sie sammelten über viele Jahre hinweg Gemälde und Skulpturen. Einige dieser „Palazzi" wurden später zu Museen umgewandelt und zeigen heute die wertvollen Kunstsammlungen dieser Familien.

1 Den **Palazzo Farnese** (hier lebte die Adelsfamilie Farnese) nennen die Römer respektlos „Würfel", obwohl er als einer der schönsten römischen Adelspaläste der Stadt gilt. Für seinen Bau verwendete man Steine aus dem Kolosseum und dem Marcellus-Theater. Heute ist in dem Gebäude die französische Botschaft untergebracht.

Der benachbarte **Palazzo Spada** wurde im 17. Jahr- 2
hundert von Kardinal Bartolomeo Spada erworben. Seine prächtige Fassade ist mit zahlreichen Statuen von römischen Königen und Kaisern verziert. Im Innenhof des Palastes befindet sich die berühmte **Galleria Borromini**. Sie ist ein Säulen-Korridor von nur 9 Metern Länge, der dem Betrachter allerdings viel länger vorkommt. An ihrem Ende steht in einem kleinen Innenhof eine Statue, die aufgrund der scheinbaren Länge des Korridors kolossal erscheint. Doch die Statue ist gerade mal 80 cm hoch. Der Baumeister Carlo Borromini hat diese Wirkung durch einen Trick erreicht: Die hinteren Säulen sind kleiner und stehen auch näher zusammen. Das Auge des Betrachters nimmt den Korridor aber so wahr, als wären die Säulen gleich groß und stünden im gleichen Abstand zueinander. Ursprünglich stand über der Galleria ein Wahlspruch Borrominis geschrieben: „Traue nie dem Schein".

Oben: Der Palazzo Spada
Unten links: Der Palazzo Farnese
Unten rechts: Die Galleria Borromini

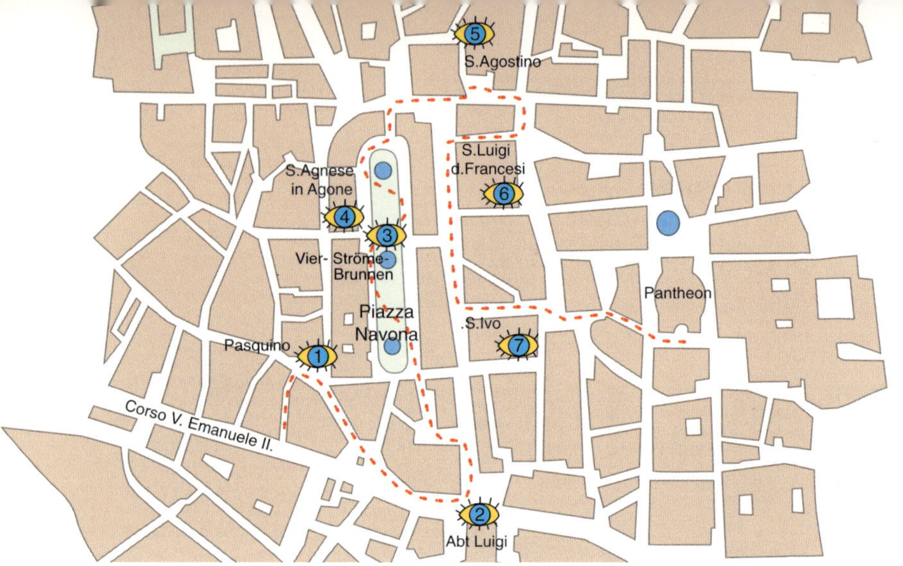

Rund um die Piazza Navona

1 *Auf dem Weg zur Piazza Navona kamen Pollino und Pollina an einer merkwürdig aussehenden Statue vorbei, an der Zettel angebracht waren. „Das ist* ***Pasquino****, eine der 'frechsten' Persönlichkeiten Roms", meinte Pollina. „Wieso?", wollte Pollino wissen. „Pasquino gehört zu den sieben 'Sprechenden Statuen' von Rom. Berühmt geworden ist er durch witzige, aber auch spöttische Sprüche, die die Römer auf Zettel schreiben und an ihn heften. Als zum Beispiel der Vier-Ströme-Brunnen auf der Piazza Navona errichtet wurde, hingen am Pasquino viele Zettel mit der Aufschrift „Pane, pane, non fontane", also „Brot, Brot, und keine Brunnen". „Aha", erwiderte Pollino, „die Statue scheint jetzt ja wieder mal kräftig zu schimpfen", und deutete auf den mit Zetteln behangenen Pasquino.*

2 Nahe beim Pasquino findet ihr eine weitere gefürchtete „Sprechende Statue", den **Abt Luigi**. Auch ihn brachten die Römer mit ihren Spottversen im römischen Dialekt zum 'Sprechen'. Dabei „schimpfte" er vor allem auf die Kirche und die italienische Regierung. Der Brauch der „Sprechenden Statuen" war in Rom vom 16. bis zum späten 19. Jahrhundert weit verbreitet - und hat bis heute nur wenig von seiner Beliebtheit eingebüßt.

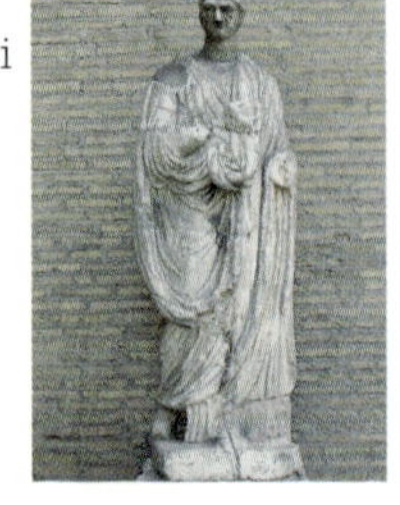

Rechts: Der Abt Luigi. Dem armen „Luigi" wird von Anhängern und Erbosten hin und wieder einfach der Kopf geklaut.

In der Mitte der **Piazza** steht einer der schönsten Brunnen Roms, die **Fontana dei Quattro Fiumi**, der **Vier-Ströme-Brunnen**. Er entstand 1651 nach Entwürfen des Architekten und Bildhauers Gian Lorenzo Bernini. Der Brunnen sollte den Pilgern die Macht und Bedeutung der päpstlichen Stadt vor Augen führen. Die vier Statuen stellen die Flussgötter der Erdteile Europa, Asien, Afrika und Amerika dar. Sie befinden sich zu Füßen eines Obelisken, auf dem eine Taube sitzt. Die Taube ist das Symbol des Heiligen Geistes und das Wappentier des damaligen Papstes Innozenz X. Bernini wollte zeigen, wie unterschiedlich die vier Flussgötter auf den Papst und das Christentum reagieren: die Donau (Europa) stützt das päpstliche Wappen; der Ganges (Asien) wendet sich gleichgültig ab; der Nil (Afrika) verhüllt sein Haupt, während er das Wappen hochhält - noch kann er es nicht erkennen; und der Rio de la Plata (Amerika) wird von der Macht des Papstes und der Kirche geblendet.

Der Vier-Ströme-Brunnen ist ein Hauptwerk des Baumeisters Gian Lorenzo Bernini. Hier seht ihr die Figur, die den Fluss Ganges und damit den Kontinent Asien darstellt.

„Hier geht es ja zu wie auf einem Volksfest", dachte Pollina. Spielende Kinder rannten über den Platz, Touristengruppen liefen im Zick-Zack hin und her, Händler verkauften Souvenirs, Straßenmusiker klimperten auf ihren Gitarren. „Das ist ja auch unser 'Volksplatz'!" sagte plötzlich eine Stimme neben ihr. Überrascht blickte Pollina in das sommersprossige, heitere Gesicht von Silvia. Pollina hatte gar nicht bemerkt, dass sie eben laut vor sich hinsprach.

„Ciao, ich heiße Silvia", sagte das Mädchen. „Gefällt dir die Piazza Navona?" „Ja, sehr", antwortete Pollina. Silvia hielt einen Zeichenblock in der Hand. „Kann ich mal sehen, was du gemalt hast?", fragte Pollina. „Klar!", erwiderte Silvia und zeigte Pollina die Zeichnung. Ein Touristenpaar mit Fotoapparat und Reiseführer in den Händen blickte ihr entgegen. Pollina lachte beim Anblick der witzigen Zeichnung.

„Damit verdiene ich mir mein Taschengeld. Die Touristen sind ganz wild auf Karikaturen. Mir macht das Zeichnen großen Spaß. Auf der Piazza Navona finde ich jede Menge Motive: Kinder, Erwachsene, Römer, Touristen, Statuen, Kirchen, Brunnen usw. Ich bin jetzt 12 Jahre alt, und in ein paar Jahren möchte ich die Kunstakademie besuchen. Und da muss ich noch viel üben, sonst schaffe ich die Aufnahmeprüfung nicht.

Ich bin fast jeden Tag hier. Es gibt zwar noch andere schöne Plätze in Rom, aber die Piazza Navona ist mein Lieblingsplatz. Ich wohne ganz in der Nähe, gleich gegenüber der Kirche Sant'Agostino. Mein Vater schimpft zwar immer über den Lärm, der oft bis spät in die Nacht dauert, und dass er nie einen Parkplatz findet, aber für mich ist es herrlich, in der Innenstadt zu wohnen. Ich gehe zum Beispiel immer in dieselbe Bar, die „Tre Scalini". Bei uns in Rom sucht man einige Male am Tag eine Steh-Bar auf, um etwas zu trinken oder eine Kleinigkeit zu essen. Die Erwachsenen nehmen meist einen Espresso, einen kleinen starken Café, und tratschen mit dem Barmann. Ohne ein Wort sagen zu müssen, bekomme ich vom 'barista', dem Barmann, mein Lieblingsgetränk: Milch mit Waldmeistergeschmack. Und beim Bäcker und Metzger muss ich nicht gleich bezahlen, da kann ich anschreiben lassen. Mama bezahlt dann alles am Wochenende. Mein Bruder lässt mich manchmal auf seinem Motorino, seinem Moped, mitfahren. Dann knattern wir durch die Gassen und über die Plätze, ohne im Stau steckenzubleiben.

Übrigens, ich hab dich vorhin schon beobachtet, als du dir die Brunnen angeschaut hast. Kennst Du eigentlich die Geschichten über den Vier-Ströme-Brunnen, wie man sie in Rom erzählt? Nein? Dann hör mal zu: Für den Erbauer des Brunnens, den Künstler Bernini, war es nicht leicht, den Papst von seinen Ideen zum Vier-Ströme-Brunnen zu überzeugen. Papst Innozenz X. wollte, dass der Konkurrent Berninis, der Architekt und Bildhauer Borromini, den Brunnen errichtete. Bernini bekam bisher immer die meisten Aufträge und hatte lange Zeit keine Konkurrenten.

Bis Borromini in Erscheinung trat und zum Liebling von Papst Innozenz X. wurde. So begann zwischen den beiden ein langjähriger Wettstreit. Um den Papst zu überzeugen, ihm und nicht Borromini den Auftrag zum Brunnen zu geben, dachte Bernini sich einen Trick aus. Er schickte sein Brunnen-Modell der Schwägerin des Papstes. Sie zeigte Papst Innozenz X. das Modell, ohne zu sagen, wer es gemacht hatte. Der Papst war sofort davon begeistert. Auch nachdem er erfuhr, dass Bernini das Modell angefertigt hatte, änderte er seine Meinung nicht. Das einzige Mittel, den Entwürfen Berninis zu widerstehen, ist, sie nicht anzusehen, soll Innozenz X. gesagt haben.

Die Römer behaupten, Bernini wollte seinem Widersacher Borromini zusätzlich noch eins auswischen. Borromini hatte die Fassade der Kirche Sant'Agnese neu gestaltet. Bernini hat deshalb die Figur des Nils und die des Rio de la Plata am Vier-Ströme-Brunnen so ausgerichtet, dass sie zur Kirche blicken. Aber die Figuren zeigen sich entsetzt: Der Rio de la Plata streckt seinen Arm aus, um sich vor der scheinbar umstürzenden Fassade der Kirche zu schützen; und der Nil hält sich das Gesicht bedeckt, um den Anblick nicht ertragen zu müssen. Diese Geschichte kennen alle Römer, allerdings - sie stimmt nicht! Denn der Brunnen entstand lange vor der Neugestaltung der Fassade von Sant'Agnese. Aber die Römer meinen, dass, 'wenn die Geschichte zwar nicht wahr ist, so ist sie zumindest gut erfunden'. Wie auch immer, Bernini und Borromini konnten sich jedenfalls ihr ganzes Leben lang nicht ausstehen.

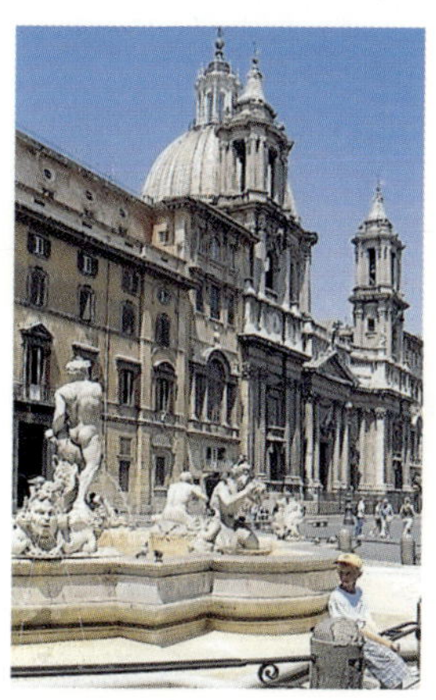

Der Vier-Ströme-Brunnen steht vor der Kirche Sant'Agnese in Agone. Ihre Fassade wurde von Berninis Konkurrent Carlo Borromini gestaltet.

Uh, jetzt ist es aber schon kurz vor eins und die Läden schließen gleich. Meine Mutter hat mir aufgetragen, Brot einzukaufen. Ich muss leider weg. Ich wünsch Dir noch viel Spaß in meiner Stadt. Du weißt ja, wo du mich antriffst. Ciao!" Pollina war begeistert von Silvia. Schade, dass sie nicht mehr Zeit hatte, dachte Pollina und nahm sich vor, Silvia, wenn es irgendwie ginge, noch einmal zu treffen.

Im antiken Rom befand sich an Stelle der Piazza Navona ein weiteres Stadion des Kaisers Domitian. Von diesem Stadion zeugt die langgestreckte ovale Form des Platzes, auf dem noch viele Jahrhunderte später „Spiele“ veranstaltet wurden. Stierkämpfe und Pferderennen fanden hier statt, aber auch Seeschlachten. Man hat dafür die Piazza Navona überflutet und in einen künstlichen See verwandelt. Die Adeligen und Päpste konnten mit ihren Kutschen in diesem „See“ spazierenfahren. Im 19. Jahrhundert wurden die extravaganten Spektakel eingestellt und der Platz gepflastert.

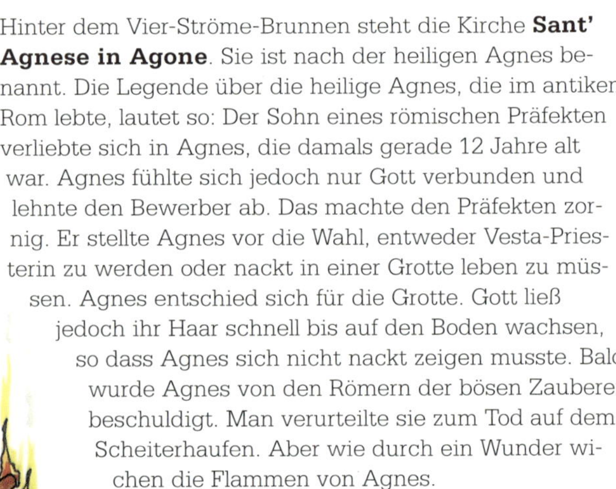

4 Hinter dem Vier-Ströme-Brunnen steht die Kirche **Sant' Agnese in Agone**. Sie ist nach der heiligen Agnes benannt. Die Legende über die heilige Agnes, die im antiken Rom lebte, lautet so: Der Sohn eines römischen Präfekten verliebte sich in Agnes, die damals gerade 12 Jahre alt war. Agnes fühlte sich jedoch nur Gott verbunden und lehnte den Bewerber ab. Das machte den Präfekten zornig. Er stellte Agnes vor die Wahl, entweder Vesta-Priesterin zu werden oder nackt in einer Grotte leben zu müssen. Agnes entschied sich für die Grotte. Gott ließ jedoch ihr Haar schnell bis auf den Boden wachsen, so dass Agnes sich nicht nackt zeigen musste. Bald wurde Agnes von den Römern der bösen Zauberei beschuldigt. Man verurteilte sie zum Tod auf dem Scheiterhaufen. Aber wie durch ein Wunder wichen die Flammen von Agnes.

Schließlich tötete sie ein römischer Soldat mit einem Schwert. So starb die heilige Agnes für ihren Glauben und wurde zur christlichen Märtyrerin. Das „Haarwunder der Agnes“ ist auf einem Gemälde in der Kirche zu sehen.

Der Weg zur Kirche **Sant'Agostino** ist nicht weit. Hier könnt ihr Gemälde der berühmten Maler Raffael und Caravaggio betrachten. Von Raffael stammt das Gemälde „Der Prophet Jesaia“. Das Gesicht des Propheten aus dem Alten Testament ist mit großer Sicherheit Raffaels Selbstportrait. Vom Künstler Jacopo Sansovino findet ihr eine „Madonna-Statue“. Sie wird vor allem von Frauen sehr verehrt. Schwangere beten für eine glückliche Geburt, und Kinderlose beten, dass ihr Wunsch nach einem Kind von Gott erhört werde.

Oben: „Die Madonna von Loreto", gemalt von Caravaggio.
Unten: Sant'Ivo, entworfen von Carlo Borromini

„Schau mal, Pollina, der Pilger auf dem Bild hat ja ganz schmutzige Füße," rief Pollino. Er stand mittlerweile vor dem Gemälde von Caravaggio. Das Ölgemälde trägt den Titel „Madonna von Loreto". „Ja, aber nicht nur die Füße sind besonders auf diesem Gemälde", erwiderte Pollina. Sie erzählte ihrem Bruder, dass dieses Bild viel Aufsehen erregte: „Der eigenwillige Caravaggio wollte die Heilsgeschichte mit ganz lebendig und natürlich wirkenden Personen zeigen. Seine Madonna sieht daher aus wie eine einfache, junge Frau. Caravaggio hat sie in ärmlichen Kleidern gemalt. Die kirchlichen Auftraggeber fassten das Gemälde aber als Beleidigung auf. Sie wollten die Heiligen wie Helden in prachtvollen Kleidern dargestellt sehen."

6 Wenn euch die Bilder Caravaggios so gut gefallen, dass ihr noch weitere Werke von diesem Künstler sehen wollt, dann schaut in die Kirche **San Luigi dei Francesi** (Heiliger Ludwig der Franzosen). Sie ist die Nationalkirche der Franzosen in Rom. Caravaggio hat für diese Kirche drei Gemälde angefertigt, die die Lebensgeschichte des Apostel Matthäus zum Thema haben: die „Berufung des Matthäus", „Der Evangelist Matthäus" und das „Martyrium des Matthäus". Auf dem Bild des „Martyriums" hat sich Caravaggio selbst gemalt (links vom Henker).

7 Bevor ihr nun zur Piazza Rotonda weitergeht, solltet ihr noch die Kirche **Sant'Ivo** besuchen. Es lohnt sich. Sie wurde vom Künstler Borromini entworfen und ist eine der schönsten Barockkirchen Roms. Man gelangt zu dieser Kirche durch den Innenhof des Palazzo della Sapienza, in dem sich früher die Universität Roms befand. Außen wie innen erscheint die Kirche ganz aufgelockert und luftig. Das liegt in erster Linie an den beschwingt wirkenden Wänden. Fast könnte man meinen, die Kirche wäre nicht aus schwerem Stein gebaut.

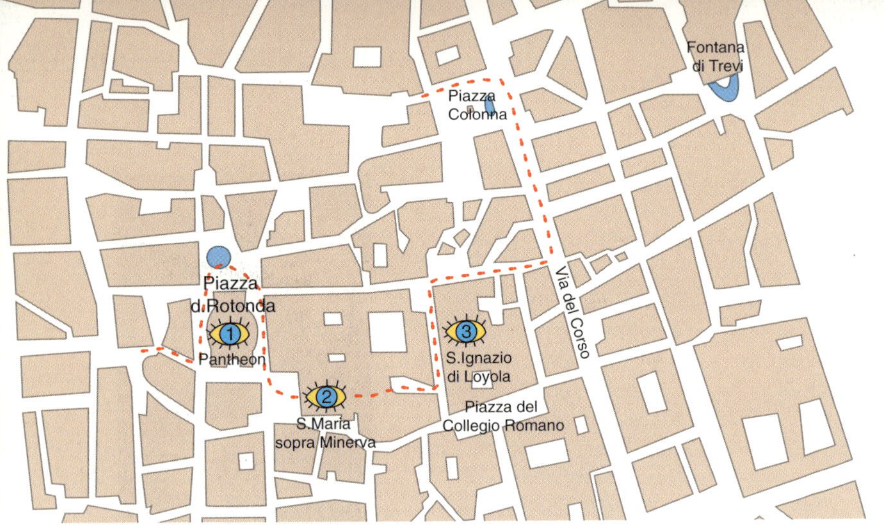

Rund um das Pantheon und die Piazza Rotonda

Mitten auf der Piazza della Rotonda thront das **Pantheon**. Dieser Bau soll genau an jener Stelle errichtet worden sein, an der Romulus während eines Gewitters, in eine dicke Wolke gehüllt, ins Jenseits entschwand. Die lateinische Schrift auf der Vorhalle des Tempels erzählt die Entstehungsgeschichte des Pantheons. Da steht geschrieben, dass der römische Feldherr Agrippa nach seinem Sieg über die Perser im Jahr 27 v.Chr. mit dem Bau des Pantheons begann. Der Tempel fiel jedoch schon bald einem Feuer zum Opfer. Kaiser Hadrian ließ das Pantheon in den Jahren 118-125 n.Chr. wieder erstehen. Das Pantheon wurde im Laufe der Jahrtausende mehrmals beschädigt und wieder in Stand gesetzt.

„Wie einfach doch das Pantheon aussieht", bemerkte Pollina, „ein Zylinder mit einer Halbkugel als Deckel." „Ja, aber mit was für einer Halbkugel", erwiderte Pollino. „Ihr Durchmesser und ihre Höhe sind gleich: genau 43,3 Meter. Damit ist sie um fast einen Meter höher als die Kuppel der Peterskirche. Eine unglaubliche Leistung der antiken Römer." „Aber warum hat die Kuppel eine Öffnung?" fragte Pollina. Pollino hatte prompt eine Antwort: „Das griechische Wort 'Pantheon' bedeutet zwar übersetzt 'alle Götter'. Doch damit könnte der Erbauer auch die allerheiligsten Götter, die Planetengötter, gemeint haben, denen er den Tempel widmete - daher vielleicht die Öffnung in der Kuppel zum Himmel."

Die Kuppel des antiken Pantheon

Das Pantheon ist eines der bedeutendsten Zeugnisse der antiken Baukunst. Trotz seiner riesigen Ausmaße wirkt der Innenraum ausgewogen und harmonisch. Die Größe der verschiedenen Bauteile ist genau aufeinander abgestimmt. In der Antike war die Kuppel innen wie außen mit vergoldeter Bronze verkleidet. Sie sollte wie ein Himmel mit strahlender Sonne wirken.

Mit den ersten christlichen Kaisern begann für das Pantheon jedoch eine schwere Zeit. Die Anbetung heidnischer Götter wurde verboten, und das Pantheon blieb Jahrhunderte lang ungenutzt. Im Jahr 609 wurde es schließlich der christlichen Religion überstellt. Papst Bonifatius IV. weihte das Pantheon als Kirche allen Heiligen und der heiligen Jungfrau Maria. Das geschah am 1. November - deshalb feiern die Katholiken an diesem Tag „Allerheiligen“. Das Pantheon wurde nach der Einigung Italiens im Jahre 1870 Grabstätte der beiden ersten Könige Italiens. Auch der Maler und Bildhauer Raffael liegt hier begraben.

Zweimal musste das Pantheon in seiner Geschichte schmerzliche Eingriffe erdulden. Zum einen durch Papst Gregor III., der die vergoldeten Dachziegel entfernen und einschmelzen ließ; und zum anderen durch Gian Lorenzo Bernini, der im Auftrag des Papstes Urban VIII. die bronzenen Deckenbalken der Vorhalle herausriss. Bernini benutzte das „preiswerte“ Baumaterial, um damit seinen bekannten

Baldachin in der Peterskirche zu verkleiden. Und der Papst, ein gebürtiger Barberini, ließ aus den bronzenen Deckenbalken Kanonen für die Engelsburg gießen. Kein Wunder, wenn die Römer daraufhin spotteten: „Was die Barbaren nicht zerstörten, fiel den Barberini zum Opfer."

Die Geschwister kamen aus dem Pantheon und stiegen die Stufen zur Piazza della Rotonda hinauf. „Kennst du eigentlich die Geschichte, wie es zu diesem Graben um das Pantheon gekommen ist?", wollte Pollino von seiner Schwester wissen. „Das war der Teufel. Der rannte vor Wut so oft um das Pantheon, dass dabei ein Graben entstand." „Ach, nee, und warum war der Teufel so wütend?", fragte Pollina. „Weil sich im Pantheon ein Magier versteckt hielt, den der Teufel unbedingt fangen wollte. Der Magier hatte, um in den Besitz eines Zauberbuches zu gelangen, seine Seele an den Teufel verkauft. Als der Teufel schließlich die Seele des Magiers einforderte, hatte der es sich anders überlegt. Frech gab er dem Teufel statt seiner Seele eine Handvoll Nüsse und versteckte sich im Pantheon." „Und kam er da je wieder heraus?", fragte Pollina. „Ja, er bat Gott um Gnade und um Erlösung seines Schicksals, was ihm auch gewährt wurde", endete Pollino.

Eure nächste Station ist die Kirche **Santa Maria sopra Minerva**. Vor ihrem Haupteingang steht eines der schönsten Tiere, die je in Stein gemeißelt wurden: Die Römer nennen diese **Elefanten-Skulptur** „Il pulcino della Minerva" („Das Kücken der Minerva"). Sie wurde von Gian Lorenzo Bernini angefertigt. Auf dem Sockel der Skulptur steht geschrieben: „Die Weisheit zu tragen, dazu bedarf es einer großen Kraft". Der Elefant verkörpert die Kraft, die den ägyptischen Obelisken - der zu Zeiten Berninis als ein Zeichen für Weisheit galt - auf dem Rücken trägt.

In der Antike kam den Obelisken jedoch noch eine ganz andere Bedeutung zu. Sie waren Symbol des Sieges. Nachdem die Römer das Volk der Ägypter besiegt hatten, brachten sie als Zeichen ihres Triumphs viele Obelisken („Obelisk“ kommt aus dem Griechischen und bedeutet „Spieß“) nach Rom. Die ägyptischen Zeichnungen auf den Obelisken verraten euch die Herkunft.

„Rom ist die Stadt mit den meisten Obelisken auf der ganzen Welt“, sagte Pollino. „Insgesamt 19 Stück stehen in der Stadt. Dabei ist der Obelisk auf der Piazza San Giovanni mit seinen 32 Metern Höhe der größte und älteste in Rom. Pharaonen hatten ihn im 15. Jahrhundert v.Chr. in Ägypten errichten lassen.“ „Und wie haben die Römer so einen Koloss bis hierher schaffen können“, fragte Pollina neugierig. „Mit einem Schiff, das sie wegen der Länge des Obelisken extra anfertigten,“ erwiderte ihr Bruder und fuhr fort: „Als man ihn im Mittelalter im Circus Maximus fand, wo ihn die Römer aufgestellt hatten, war er leider in drei Stücke zerbrochen. Man schaffte die Teile zur Piazza San Giovanni, fügte sie wieder zusammen und stellte den Obelisken dort im Jahr 1587 auf.“

Die Kirche **Santa Maria sopra Minerva** wurde im Jahr 1280 auf den Ruinen eines antiken Tempels errichtet. Dieser Tempel war Minerva, der Göttin der Weisheit, gewidmet. Deshalb trägt die Kirche Santa Maria den Namen „sopra Minerva“, also „über Minerva“. Die Kirche gehört bis heute dem Dominikanerorden. Die Dominikaner und Bernini waren alles andere als gute Freunde. Die Römer sind deshalb davon überzeugt, dass der Künstler seinen Elefanten absichtlich mit dem Hinterteil in Richtung des Dominikaner-Palastes neben der Kiche aufgestellt hätte. Wie dem auch sei, mit der Kirche Santa Maria sopra Minerva besitzen die Ordensbrüder zweifelsohne eine der schönsten Kirchen in Rom. Die Decke der Kirche erstrahlt in Himmelblau und ist mit vielen kleinen Goldsternen überzogen. Die Kirche beherbergt zahlreiche bedeutende Kunstwerke. Herausragend ist die Statue des **Auferstandenen Christus** von Michelangelo. Die Auftraggeber wollten, dass Michelangelo Christus in „demütiger Nacktheit“ darstellte. Aber als er die Statue vollendet

hatte, ähnelte der Christus sehr stark den antiken Statuen griechischer Athleten. Den Kirchenvätern war dieser Christus zu muskulös - vor allem aber zu nackt. Daher ließen sie ihn mit einem Lendentuch bedecken.

„Die Kollegen Michelangelos behaupteten, die Knie dieser Statue seien mehr wert als alle Bauwerke Roms zusammen", sagte Pollina. Angestrengt blickte Pollino auf die Knie der Statue, konnte aber nichts Außergewöhnliches erkennen. „Phantasie, Bruder-Herz, um die Kunst richtig genießen zu können, braucht man Phantasie ..."

Von Santa Maria sopra Minerva ist es nicht weit zur Kirche **Sant'Ignazio di Loyola**, der Kirche des Jesuitenordens in Rom. Hier findet ihr ein eindrucksvolles Deckengemälde. Es stammt von dem Jesuiten Andrea Pozzo. Auf dem Gemälde sind Christus, der Herr des Lichtes, und sein Botschafter, der heilige Ignatius, zu sehen. Sie sind umgeben von menschlichen Figuren, die als Ungläubige in die Verdammnis hinabstürzen oder als Selige zu Christus ins Paradies hinaufsteigen. Am besten ihr stellt euch auf die grüne Marmorplatte unter dem Gemälde. Von hier öffnet sich der gemalte Himmel in leuchtenden Farben und mit vielen echt wirkenden Figuren. Auf dem riesigen Deckengemälde hat Andrea Pozzo die Kirchenwände künstlich nach oben verlängert. Säulen und Bögen ragen in einen Himmel göttlichen Lichts hinein. Diese Malweise nennt man „illusionistisch". Sie täuscht etwas vor, was gar nicht vorhanden ist.

Das Gemälde nimmt eine Bibelstelle auf, in der es heißt, dass Christus auf die Erde gekommen ist, um ein Feuer zu entzünden. In diesem Bild erleuchtet Christus mit seinem Feuer den heiligen Ignatius. Der trägt es in die ganze Welt hinaus. Dargestellt werden die verschiedenen Erdteile Europa, Afrika, Asien und Amerika, die jeweils von Frauen verkörpert werden. Afrika reitet auf einem Krokodil, Amerika sitzt auf einem Geparden, trägt Federn im Haar und hat Pfeil und Bogen bei sich. Mit diesem Bild verdeutlichten die Jesuiten und die katholische Kirche ihre Absicht, den christlichen Glauben auf der ganzen Welt zu verbreiten. Zu jener Zeit gründete der Jesuitenorden Klöster auf allen Erdteilen, um die Menschen zum christlichen Glauben zu bekehren.

Oben: Der „Auferstandene Christus" von Michelangelo
Rechts:
Das Deckengemälde in der Kirche Sant'Ignazio di Loyola stammt von Andrea Pozzo.

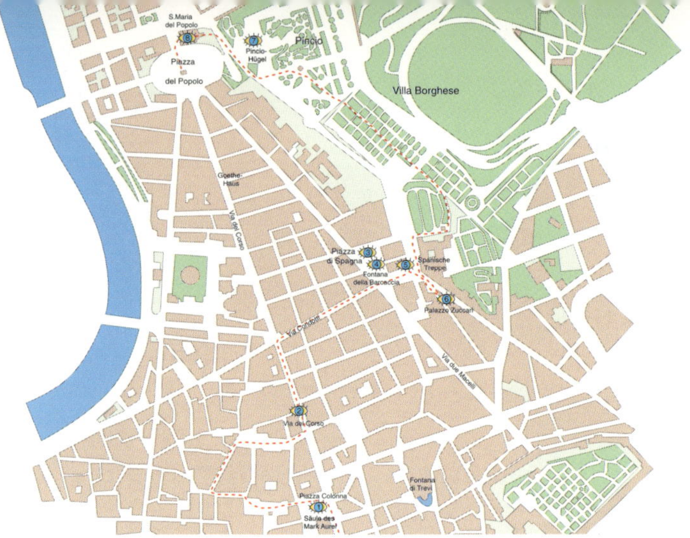

Rund um die Piazza di Spagna

Der Weg zur Piazza di Spagna führt euch über die Piazza Colonna. Hier steht die **Säule des Mark Aurel**. Die 30 Meter hohe Säule wurde zu Ehren von Mark Aurel, dem Adoptivsohn des römischen Kaisers Antoninus Pius, errichtet. Wie auf der Trajanssäule sind auch auf dieser Säule die siegreichen Feldzüge des Kaisers dargestellt. Mark Aurel konnte mehrmals die römischen Reichsgrenzen gegen feindliche Völker verteidigen. Auf den Reliefs der Kaiser-Säule sind die Waffen und Uniformen der Soldaten besonders gut zu erkennen. Im Innern führt eine Treppe mit 190 Stufen zur Spitze der Säule. Ursprünglich stand die Mark-Aurel-Säule im Circus Maximus, wo sie als Wendemarke bei den Wagenrennen diente.

Die Mark-Aurel-Säule

Pollino erreichte die Mark-Aurel-Säule nach einem kleinen Umweg, der ihn an der berühmtesten Eisdiele Roms („Eisdiele“ heißt auf italienisch „Gelateria“) - „Giolitti“ - vorbeiführte. Pollina wartete bereits auf ihn. „Und, wie schmeckt das Eis?“ - „Probier mal, Pollina“, sagte Pollino mit freudestrahlendem Gesicht. „Oh, Stracciatella und Kokos!“. Diesen Genuss wollte sich auch seine Schwester nicht entgehen lassen. Pollino gönnte sich eine zweite Portion.

Direkt an der Piazza Colonna führt die **Via del Corso** entlang. Der „Corso", wie die Römer kurz zur Via del Corso sagen, ist eine 1.500 Meter lange Straße, die das Zentrum Roms von Nord nach Süd durchquert. Ihr Name „Corso", d.h. „Rennen", kommt daher, weil in der Via del Corso bis zum 19. Jahrhundert Wettrennen veranstaltet wurden, unter anderem Pferde-und Eselsrennen. Auch Faschingsumzüge fanden hier statt. Heute ist der „Corso" eine der beliebtesten Einkaufsstraßen Roms.

Die Spanische Treppe

Die weltberühmte **Piazza di Spagna** *steht auf der Liste fast jedes Touristen, der nach Rom fährt, berichtete Pollina. „Warum heißt der Platz eigentlich 'Spanischer Platz' und die Treppe 'Spanische Treppe'?", fragte Pollino neugierig. „Das kommt daher, weil die Spanier ihre päpstliche Botschaft seit dem 17. Jahrhundert an diesem Platz eingerichtet haben. Lange Zeit betrachteten sie die Piazza di Spagna deshalb als 'ihren' Platz," wusste Pollina.*

Nicht nur die Spanier waren von der Schönheit und der günstigen Lage der Piazza di Spagna begeistert. Bald entwickelte sich der Platz zu einem beliebten Treffpunkt für Künstler, Musiker und Schriftsteller. Auch Johann Wolfgang Goethe wohnte während seines Aufenthalts in Rom in einem Haus ganz in der Nähe. Das **Goethe-Haus** in der Via del Corso ist heute eines der beliebtesten Ziele deutscher Touristen in Rom. Darin befindet sich jetzt ein Museum, in dem Briefe, Zeichnungen, Manuskripte und Bücher von Goethe ausgestellt sind.

Übrigens wollte Goethe in Rom unerkannt leben und war deshalb nur als „Maler Miller" bekannt. Goethe hatte sich so sehr in die Stadt verliebt, dass er später behauptete, seither keinen glücklichen Tag mehr verlebt zu haben.

Das Lieblingscafé Goethes, das **Cafè Greco** in der Via Condotti, gibt es noch heute. Im Laufe seiner langen Geschichte tranken hier viele berühmte Schriftsteller, Philosophen und Künstler aus aller Welt Kaffee oder genossen die leckeren Törtchen.

Vor der Spanische Treppe steht die **Fontana della Barcaccia**, der „Boot-Brunnen". Der Brunnen ist eine Gemeinschaftsarbeit von Vater und Sohn Bernini. Die Idee zum Brunnen soll Papst Urban VIII. angeblich durch ein Boot gekommen sein, das bei einer Überschwemmung des Tiber-Flusses bis zur Piazza di Spagna getragen wurde. Der Papst wollte mit dem Brunnen an dieses außergewöhnliche Ereignis erinnern.

Der „Boot-Brunnen" von Vater und Sohn Bernini.

5 *Pollino und Pollina gingen jetzt die 138 Stufen der Scalinata della Trinità, der* **Spanischen Treppe**, *hinauf. Auf der Treppe saßen wie immer eine Menge Touristen und junge Römer. Schließlich erreichten die Geschwister die Kirche Trinità dei Monti am oberen Ende der Treppe. „Eigentlich ist die 'Spanische Treppe' ja eine 'französische'", sagte keuchend Pollina. „Bis 1789 war Trinità dei Monti eine französische Königsabtei. Die Franzosen wollten den schmutzigen und steilen Weg von der Piazza di Spagna zu ihrer Kirche unbedingt mit einer bequemeren Auffahrt ersetzen. Für die Römer kam aber eine steile Straße nicht in Frage, da sie Angst hatten, dass zu viele Kutschen verunglücken würden. Deshalb entschieden sie sich schließlich für eine Treppe."*

Oben angekommen, tut sich euch ein traumhafter Blick über die Stadt auf. Gleich in der Nähe steht in der Via Gregoriana der
6 **Palazzo Zuccari**. Der Maler Zuccari hatte sich in diesem Gebäude 1562 seine Wohnung und Atelier eingerichtet. Wer in den „Palazzo" hinein will, muß durch das riesige Maul eines steinernen Monsterkopfes treten. Auch die Fenster hat Zuccari mit Köpfen von Ungeheuern gestaltet.

Links: Das Eingangstor zum Palazzo Zuccari. Unten: Blick auf die vielbesuchte Aussichtsterrasse am Pincio-Hügel.

Nach einer solch anstrengenden Wanderung bietet sich der nahege-
7 legene Park der **Villa Borghese** an, um sich etwas ausruhen. Von den Terrassen des **Pincio-Hügels** hat man eine herrliche Aussicht auf die Piazza del Popolo, den Petersdom und einen großen Teil der Innenstadt.

„Die Römer meinen, dies sei die Terrasse mit der schönsten Aussicht der Welt", sagte Pollino, als er vom Pincio auf die Piazza del Popolo blickte. Pollina, die neben ihm stand, blieb stumm. „Heh, was ist denn mit dir los?" Pollina sagte nur ein Wort: „Hunger!". „Oh, selbst meine unermüdliche Schwester zeigt ab und zu menschliche Schwächen", erwiderte Pollino. Er holte eine Semmel mit Schinken und Käse aus seinem Rucksack. Pollina griff sofort danach. Doch ihr Bruder zog das „panino" zurück. „Nur unter einer Bedingung", sagte Pollino. „Und die wäre?" „Du kommst später mit da runter, in die Kirche Santa Maria del Popolo. Ich will nämlich wissen, ob es den bösen Geist Neros tatsächlich gibt", sagte Pollino geheimnisvoll.

Die Kirche **Santa Maria del Popolo** soll angeblich auf dem Grabmahl Neros errichtet worden sein. Der Papst Paschalis II. fürchtete den bösen Geist Neros und ließ daher über dem Kaiser-Grab eine Kapelle bauen. So jedenfalls die Legende. Wahrscheinlicher ist jedoch, dass Santa Maria del Popolo im Jahr 1099 entstand, und zwar als Dank für den erfolgreichen Abschluss des ersten Kreuzzuges gegen die Araber im Heiligen Land. Später erwählten die Augustinermönche Santa Maria del Popolo zu „ihrer" Kirche in Rom. Als sich der Augustiner Martin Luther in Rom aufhielt, las er vom Altar dieser Kirche eine Messe. Nach der Abspaltung der Protestanten („Protestantismus" *s. Begriffserklärungen*) von der vom Papst geführten Kirche haben die Katholiken Santa Maria del Popolo für längere Zeit gemieden. Doch die römischen Gemüter haben sich schließlich wieder beruhigt und die Kirche wurde wieder zum Versammlungsort für katholische Christen.

Der Abstieg vom Pincio lohnt sich nicht nur wegen des Geistes von Kaiser Nero, der hier umgehen soll. In der Kirche Santa Maria del Popolo befindet sich auch die prächtige Chigi-Kapelle von Raffael. Der Künstler entwarf sie für seinen großen Förderer, den Bankier Agostino Chigi. Außerdem hängen hier zwei Bilder des Malers Caravaggio, „Die Kreuzigung des Heiligen Petrus" und „Die Bekehrung

des Apostel Paulus“. Beide sind in dem für Caravaggio so typischen wirklichkeitsgetreuen Stil gemalt. Auf dem Bild „Die Kreuzigung des Heiligen Petrus“ ist gut zu erkennen, welche Anstrengung erforderlich ist, um das Kreuz aufzustellen. Petrus ließ sich mit dem Kopf nach unten kreuzigen, um zu zeigen, dass sein Tod weniger bedeutend sei als der Tod von Jesus Christus.

Die „Bekehrung des Paulus“ wurde von Caravaggio gemalt.

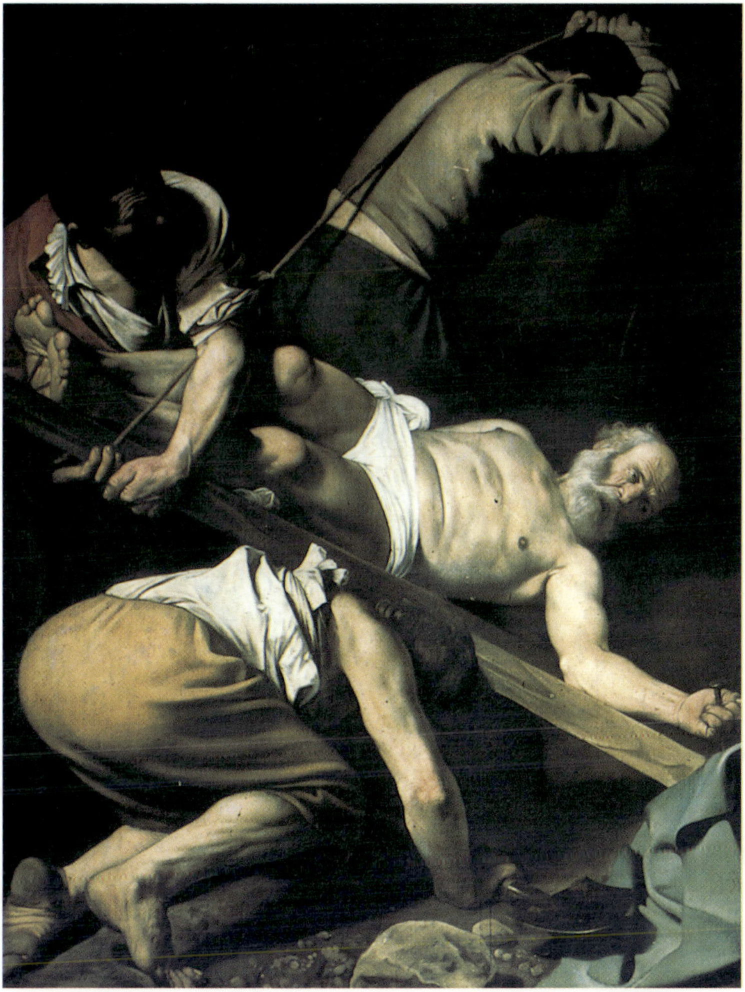

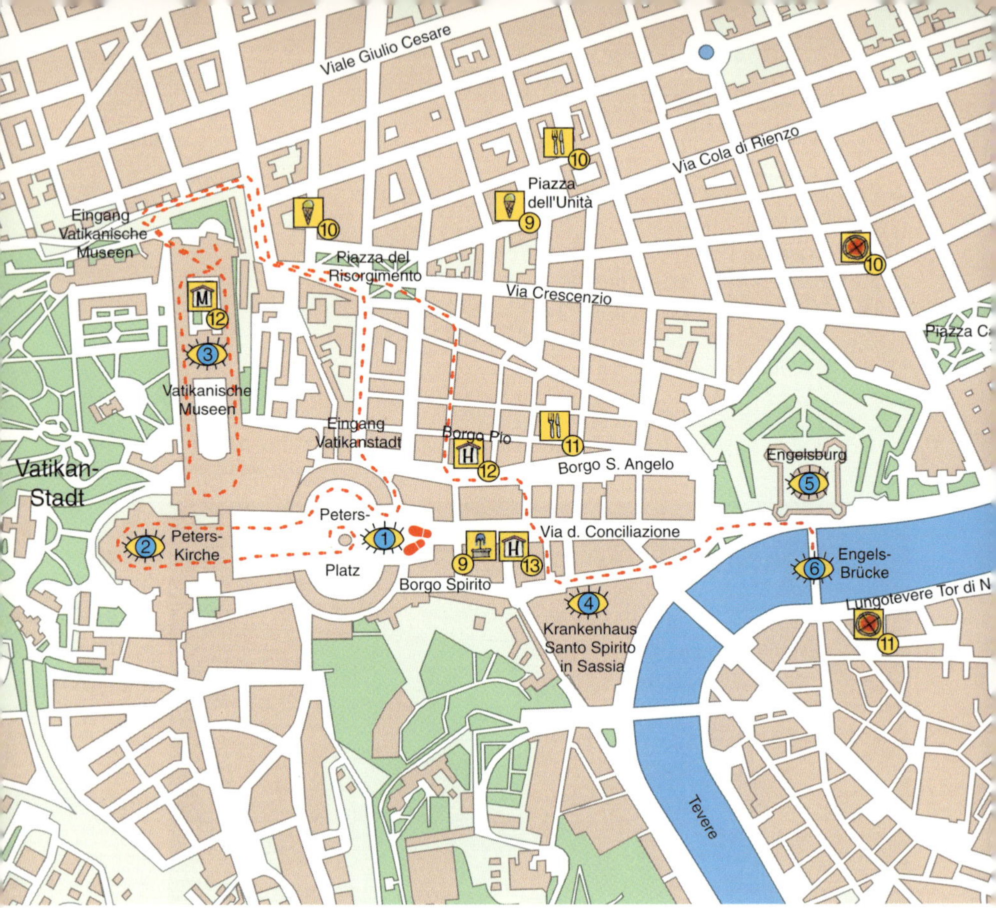

Übersichtsplan: Der Vatikan

Der Vatikan - Das kleinste Land der Welt

Der Vatikanstaat

„Jetzt bist du in einem anderen Land, Pollina!", rief Pollino seiner Schwester zu, als sie eine weiße Linie auf dem Petersplatz überquerte. Erstaunt blickte Pollina auf ihren Bruder. „Der weiße Strich hier am Boden zeigt die Grenze zwischen Italien und dem Vatikanstaat, dem 'Land des Papstes', dem kleinsten Land der Welt. Weißt du denn, woher der Name 'Vatikan' stammt?", fragte Pollina. Ihr Bruder schüttelte den Kopf. „Von den Ureinwohnern, die hier in dieser Gegend wohnten", erwiderte Pollina, „sie wurden von den Römern, die damals auf der anderen Seite des Tiber lebten, 'vaticani' genannt."

Der Vatikanstaat ist nur 0,44 Quadratkilometer groß und damit um ein Vielfaches kleiner als der Mini-Staat San Marino. Der liegt nur wenige hundert Kilometer nordöstlich von Rom. Früher gehörten zum Vatikanstaat (oder „Kirchenstaat", *s. Begriffserklärungen*) mehrere Regionen und Städte Italiens. Doch seit 1929 besitzt dieser Staat nur noch den Petersplatz, die Vatikanstadt (hier residiert der Papst), die Peterskirche, die sieben so genannten Pilgerkirchen sowie einige Paläste in Rom und seiner näheren Umgebung.

Im Vatikanstaat selbst leben etwa 500 Einwohner: Kardinäle, Diplomaten, Priester und Dienstpersonal. Sie haben einen eigenen Reisepass und eine eigene Flagge. Aber nicht nur das: auch einen eigenen Radiosender, eine eigene Tageszeitung, einen eigenen Bahnhof, eine eigene Bank und eine eigene Post. Die findet ihr auf dem Petersplatz. Wenn ihr wollt, könnt ihr dort Briefe und Postkarten mit Briefmarken des Vatikans verschicken und mit Vatikangeld bezahlen, auf dem der Papst abgebildet ist.

Briefmarken und Stempel der Vatikanpost. Links seht ihr das Bild des jetzigen Papstes Johannes Paul II. auf einem Briefumschlag der Vatikanpost.

Der Petersplatz

Der riesige **Petersplatz** ist tagsüber überfüllt mit Menschen aus vielen Nationen, die die Peterskirche und die Vatikanischen Museen besuchen wollen. Nur früh morgens ist es ruhiger, hie und da huschen einzig Nonnen und Priester vorüber. Einsam aber fühlt man sich hier nie. Denn insgesamt 284 Säulen und 140 Statuen umgeben oder, wie viele Römer sagen, „umarmen" den Petersplatz.

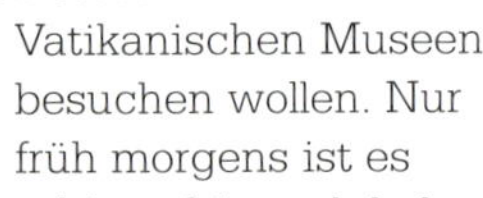

Oben: Die Säulengänge scheinen den Petersplatz zu umarmen. Das Gemälde stammt aus dem 19. Jahrhundert. Rechts oben: Eine Pferdekutsche am Petersplatz Rechts darunter: Die Wohnung des Papstes Johannes Paul II. befindet sich im obersten Stockwerk des Papstpalastes.

Im antiken Rom befand sich am Petersplatz das Stadion des Nero, in dem Tausende von Christen gekreuzigt und hingerichtet wurden. Darunter war auch der Apostel Petrus, der erste Bischof Roms. Sein heutiger Nachfolger, Papst Johannes Paul II., wohnt im obersten Stockwerk des Papstpalastes. Seine Wohnung befindet sich hinter den beiden rechten Fenstern des Palastes.

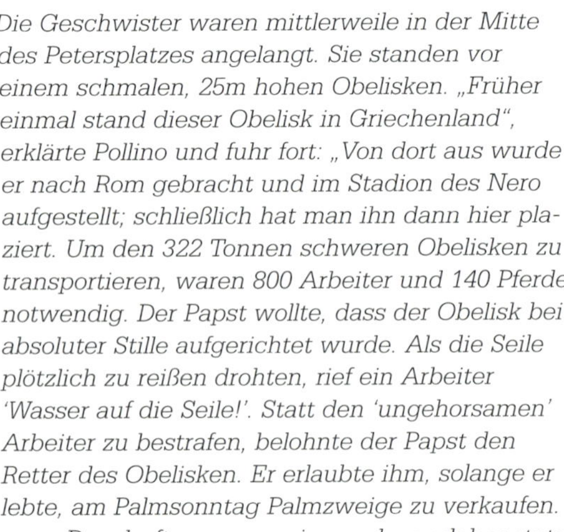

Die Geschwister waren mittlerweile in der Mitte des Petersplatzes angelangt. Sie standen vor einem schmalen, 25m hohen Obelisken. „Früher einmal stand dieser Obelisk in Griechenland", erklärte Pollino und fuhr fort: „Von dort aus wurde er nach Rom gebracht und im Stadion des Nero aufgestellt; schließlich hat man ihn dann hier plaziert. Um den 322 Tonnen schweren Obelisken zu transportieren, waren 800 Arbeiter und 140 Pferde notwendig. Der Papst wollte, dass der Obelisk bei absoluter Stille aufgerichtet wurde. Als die Seile plötzlich zu reißen drohten, rief ein Arbeiter 'Wasser auf die Seile!'. Statt den 'ungehorsamen' Arbeiter zu bestrafen, belohnte der Papst den Retter des Obelisken. Er erlaubte ihm, solange er lebte, am Palmsonntag Palmzweige zu verkaufen. Das durften nur wenige und war daher stets ein einträgliches Geschäft.

Die Peterskirche

Die **Peterskirche**, die man auf italienisch San Pietro (Heiliger Petrus) nennt, ist die größte Kirche des Christentums. Sie besaß jedoch nicht von Anfang an diese riesigen Ausmaße. Im antiken Rom stand hier nur eine kleine Gedenkstätte, die über dem Grab des Apostel Petrus errichtet wurde. Der erste christliche Kaiser Roms, Kaiser Konstantin, ließ dann die kleine Kapelle im Jahr 326 n.Chr. vergrößern und so entstand die erste Peterskirche. Für ihren Bau musste damals ein Hügel abgetragen, der Boden erhöht und eine Straße umgeleitet werden. Im Laufe der Jahrhunderte wurde die Peterskirche mehrmals vergrößert und umgebaut. Ihr heutiges Aussehen bekam sie in der Renaissance und im Barock (*s. Begriffserklärungen*). Der Papst beauftragte im Jahr 1506 den bekannten Baumeister Bramante mit einem kompletten Neubau der Kirche. Bramante riss dafür erst einmal fast die Hälfte der alten Peterskirche ab und machte seinem Namen als „maestro ruinante", „Kaputtmach-Meister", wie ihn die Römer spöttisch nannten, alle Ehre. Erst 120 Jahre später, im Jahr 1626, wurde die Peterskirche eingeweiht. Endgültig fertiggestellt aber wurde sie weitere 50 Jahre nach der Einweihung. Fast 170 Jahre waren insgesamt nötig, um dieses gigantische Bauwerk zu errichten. 22 Päpste hatten dem Baugeschehen mehr oder weniger geduldig zugesehen.

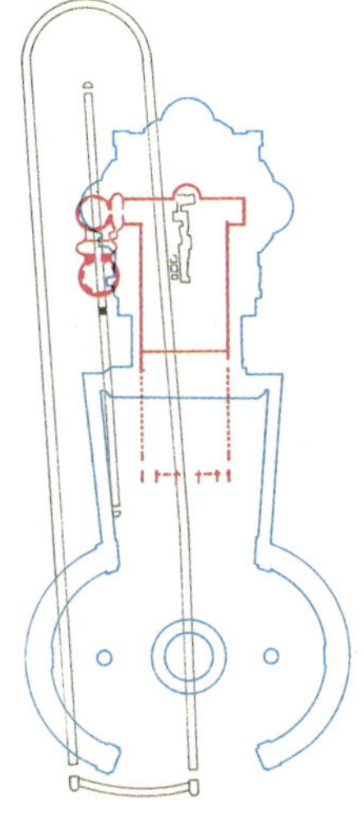

Oben: Hier seht ihr die geschichtliche Entwicklung der Peterskirche. Zunächst stand hier das Stadion des Nero (braun). Dann baute der Kaiser Konstantin die erste Peterskirche (rot). Dieser Bau wurde in der Renaissance zur heutigen Größe erweitert (blau).

Wenn ihr die Kirche durch die mittlere Eingangstür betretet, dann findet ihr am Fußboden eine große Scheibe aus rotem Marmor: Die **'Rota Porphyretica'**. Sie zeigt die Stelle, an der Kaiser und Könige niederknieten, um sich

vom Papst krönen zu lassen. Der erste König, der hier gekrönt wurde, war Karl der Große an Weihnachten im Jahr 800.
Im Mittelgang der Peterskirche sind weitere Markierungen am Boden angebracht. Sie führen euch die Größe der Kirche vor Augen. Ihre Länge wird verglichen mit anderen wichtigen Domen und Kathedralen. Da stehen die Namen von Sankt Paul in London, des Doms in Florenz, des Kölner Doms - keine dieser Kirchen ist so lang wie die Peterskirche, die insgesamt 211,5 Meter misst. 60.000 Besucher passen hier bequem hinein. Der Innenraum ist hell, und die Kirche erscheint als ein riesiger Platz mit einem Dach darüber. Ihre Ausstattung ist einzigartig. Wohin ihr auch blickt, überall stehen prächtige Kunstwerke. Außer dem Hauptaltar gibt es weitere 45 kleinere Altäre in den Seitenkapellen, 23 Grabstätten verstorbener Päpste und 300 Statuen.

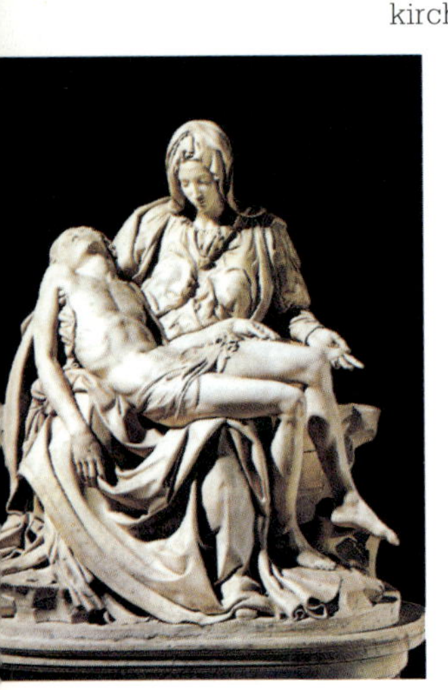

Die „Pietà" von Michelangelo Buonarotti, der auch Maler und Architekt war.

Die berühmteste Skulptur der Peterskirche ist die **Pietà** von Michelangelo. Sie steht gleich rechts neben dem Eingang. „Pietà" heißt auf italienisch „Mitleid". Die Figurengruppe Michelangelos trägt diesen Namen, weil Maria in dem Augenblick dargestellt wird, als sie mit ihrer Hand den Betrachter um Mitleid für ihren toten Sohn Jesus Christus bittet. Diese Skulptur ist das einzige Werk Michelangelos, das er mit seinem Namen versah. Auf einem Band über der Brust Mariens seht ihr „Buonarotti", seinen Nachnamen, eingemeißelt. Als Michelangelo im Jahre 1499 die Statue vollendete, war er gerade mal 24 Jahre alt.

Viele Jahre später, als 72-Jähriger, half Michelangelo beim Neubau der Peterskirche mit. Sein architektonisches Meisterwerk ist die riesige **Kuppel**. Sie besitzt einen Durchmesser von 42,56 m und ist damit bis heute die größte Kirchenkuppel der Welt. Im Innern der Kuppel steht in 2m hohen Buchstaben auf lateinisch: „Du bist Petrus, und auf diesem Felsen werde ich meine Kirche bauen, und Dir gebe ich die Schlüssel des Himmelreiches."

Pollino ließ es sich nicht entgehen, mit dem Aufzug auf das Dach der Peterskirche zu fahren. Von hier aus stieg er über eine steile Wendeltreppe bis zum höchsten Punkt der Kuppel, der so genannten Kuppellaterne, hinauf. Allerdings

Oben: Die Kuppel des Petersdoms
Unten: Der Baldachin überdacht den Papstaltar der Peterskriche.

musste er 302 steile Stufen überwinden. Ganz außer Atem kam er oben an. Jetzt befand er sich in 120 Meter Höhe über dem Petersplatz. Er sah aus der Vogelperspektive auf Rom, auf die vielen Kirchenkuppeln und die Berge im Hinterland. Viel aufregender für Pollino war es jedoch, die Kuppel Michelangelos endlich aus der Nähe betrachten zu können. Nun erkannte er, wie die Kuppel gebaut ist. Mit 16 Rippen aus hellem Marmor hatten ihre Erbauer zunächst das Grundgerüst geschaffen. Dann füllten sie die Zwischenräume mit Bleiplatten aus.

Der 29m hohe **Baldachin** (*s. Begriffserklärungen*) und der **Papstaltar** bilden den Mittelpunkt der Peterskirche. Der Baldachin stammt von Gian Lorenzo Bernini, an dem der Künstler insgesamt neun Jahre lang gearbeitet hat. Der Baldachin dient als Überdachung des Altars. Für seine Bronzebeschichtung ließ der Architekt, wie ihr bereits wisst, bronzene Deckenbalken aus dem Pantheon entfernen und einschmelzen. Trotz seiner wuchtigen Ausmaße scheint der Baldachin durch seine gedrehten Säulen und den wogenden Traghimmel zu schweben.

Unter dem Altar befinden sich die **Vatikanischen Grotten** mit Gräbern verschiedener Päpste und dem **Petrusgrab**. Von dem berühmtesten aller Apostel gibt es auch eine **Bronzestatue** an einer der vier großen Stützsäulen der Kirchenkuppel. Die Eingänge zu den Grotten befinden sich an diesen gewaltigen Säulen.

Pollina beobachte die Menschen, die sich der Statue des heiligen Petrus näherten. Sie gingen ganz nah an die Statue heran, neigten sich ein wenig und entfernten sich wieder ehrfurchtsvoll. „Was machen die nur?", wunderte sich Pollina. Neugierig schritt sie zur Statue und erkannte, dass deren rechter Fuß von den Küssen und Berührungen der Gläubigen schon ganz blank gescheuert war.

Bedenke, dass Du sterblich bist - lateinisch heißt das „memento mori". Auf vielen Denkmälern in der Peterskirche wird diese „Mahnung" den dargestellten Personen und den Betrachtern in Erinnerung gerufen. Oft geschieht das, indem der Tod als Person abgebildet ist. So zum Beispiel auf dem **Grabmonument Urbans VIII**. Hier schreibt der Tod den Namen des verstorbenen Papstes auf eine Tafel. Auf einer anderen **Grabplatte**, der für **Papst Alexander VII.**, schaut er hinter einer Stoffbahn hervor. Mit einer Sanduhr zeigt er dem Papst, dass dessen „Zeit" bald abgelaufen ist.

Oben: Die Statue des heiligen Petrus in der Peterskirche. Mitte: Der Tod als Person auf dem Grabmonument von Papst Alexander VII. Rechts: Die Heilige Säule in der Schatzkammer der Peterskirche.

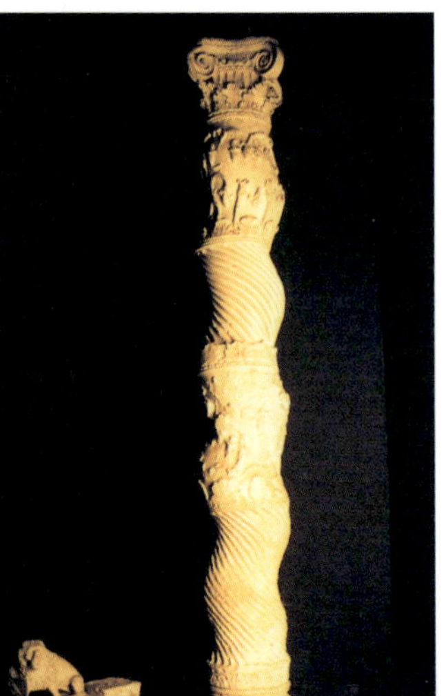

In der **Schatzkammer** der Peterskirche steht die so genannte **Heilige Säule**. An diese Säule, die früher in der alten Peterskirche aufgestellt war, soll sich Christus im Tempel Salomons angelehnt haben.

Auch Pollino hatte sich angelehnt und stöhnte: „Ich hab genug gesehen für heute Vormittag. Lass uns zum Hotel fahren.“ Doch Pollina erinnerte an ihn die vielen beeindruckenden Kunstwerke, die noch auf sie warteten: „Wir wollten doch noch in die Vatikanischen Museen, oder?!“ Stimmt, daran hatte ihr Bruder gar nicht mehr gedacht. Pollina wusste, dass man für die Museen viel Zeit und vor allem eine große Portion Neugier braucht.

Der Weg zu den Vatikanischen Museen führt euch am Eingang zur Vatikanstadt vorbei. Hier tun Soldaten der **Schweizer Garde** mit versteinerter Miene Dienst. Die Schweizer Garde ist die Polizei des Vatikanstaates. Sie bewacht seine Grenzen und sorgt für Ordnung in der Vatikanstadt. Außerdem ist sie für den persönlichen Schutz des Papstes verantwortlich. Wer zur Schweizer Garde gehören möchte, muss Schweizer Staatsbürger, jünger als 30 Jahre und natürlich katholisch sein; und mindestens 175 cm groß, denn sonst passt man nicht in die schicken Uniformen. Die Schweizer Gardisten tragen immer noch die gleiche Uniform wie vor 400 Jahren.

Die Vatikanischen Museen

„Pollina, hör mal, wir müssen uns vorher entscheiden, was wir angucken wollen", sagte Pollino, als er die Eintrittskarten bezahlte. „Um sich alles in den Museen anzusehen, muss man nämlich fast sieben Kilometer weit gehen", meinte Pollino, „dann ist man zwar überall gewesen, aber bloß vorübergehuscht." „Lass uns einen Museumsführer kaufen, und wir folgen einfach seinen Wegbeschreibungen", erwiderte Pollina, „da sind vier Wege eingezeichnet, auf denen man den wichtigsten Kunstwerken begegnet."

Rechts: Die Wendeltreppe am Eingang der Vatikanischen Museen. Unten: Der Pinienzapfen im gleichnamigen Hof der Vatikanischen Museen.

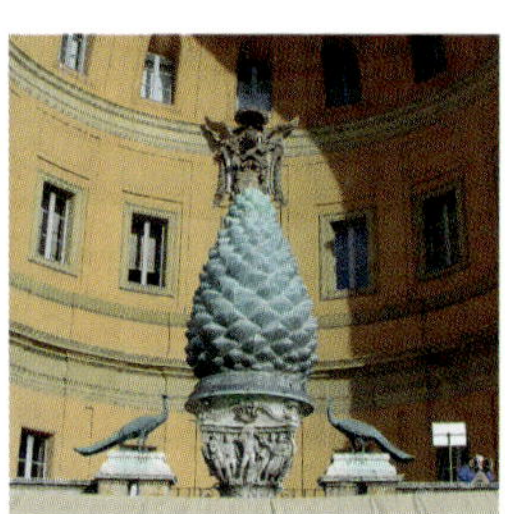

Eine lange Wendeltreppe führt hinauf zum Haupteingang der Vatikanischen Museen. Zuerst betretet ihr den **Cortile della Pigna**, den Hof des Pinienzapfens. Im Isis-Kult, einer orientalischen Religion im antiken Rom, symbolisierte der Pinienzapfen Unsterblichkeit und war in etwa das, was für die Christen der Lebensbaum ist. Isis war eine ägyptische Gottesmutter und Beschützerin aller Seefahrer.

Von hier aus geht's zum **Museo Pio Clementino**. In der **Sala degli Animali** (dem „Saal der Tiere") sind wunderbare antike Tierplastiken und -mosaiken ausgestellt. Zu sehen sind beispielsweise: Hunde, Wildschweine, Kamele, Falken, Hasen, Stiere, Skorpione, Schlangen und Krebse.

In der **Sala dei Busti** stehen die Marmorköpfe vieler römischer Kaiser: Caesar, Nero, Augustus, Titus, Trajan, Mark Aurel und Caracalla, der als Kind und als Erwachsener abgebildet ist.

Pollino war fasziniert davon, Julius Caesar von „Angesicht zu Angesicht" gegenüberzustehen. Er bat seine Schwester, ein Foto von ihm und dem bekannten römischen Feldherrn zu machen. Unbemerkt rückte Pollina ein Wildschwein in den Hintergrund des Fotos. Wenn das Pollino gewusst hätte!

In der **Galleria delle Statue** ist der berühmte **„Eidechsentöter“** ausgestellt. Das Original wurde von dem griechischen Künstler Praxiteles im 4. Jahrhundert v. Chr. geschaffen. Den Römern gefiel die Bronze-Statue so gut, dass sie davon eine Kopie machten. Abgebildet ist der Gott Apollo, wie er eine Eidechse tötet.

Schließlich findet ihr euch im **Cortile Ottagonale**, dem „achteckigen Hof“ , wieder. In Nischen stehen die berühmtesten antiken Skulpturen der Vatikanischen Kunstsammlung: Der **Apollo** von Belvedere, eine marmorne Abbildung des griechischen Gottes des Lichts und der Künste aus dem 4. Jahrhundert v.Chr., und die **Laokoon-Gruppe**. Diese Gruppe zeigt den Kampf des Priesters Laokoon und seiner beiden Söhne gegen zwei Schlangen. Laokoon war Priester und hatte die Trojaner vor dem Trick der Griechen mit dem hölzernen Pferd gewarnt. Doch die Göttin Athena wollte die Eroberung Trojas und ließ den Priester und seine Söhne von einer Schlange töten.

Oben: Die antike Skulptur des Gottes Apollo, dem Gott des Lichts und der Künste. Links: Die berühmte Laookon-Gruppe.

Weiter geht's durch die **Galleria delle Carte Geografiche**. Hier hängen riesige gemalte Landkarten Italiens, seiner Städte und Provinzen, aus den Jahren 1580-83. Erstaunlich, wie genau die Karten schon gegen Ende des Mittelalters waren.

Raffaels „Stanzen" (Die „Zimmer" Raffaels)
Papst Julius II. ließ im Zuge des Neubaus der Peterskirche auch seine Privatwohnung ausschmücken. Er suchte dazu nach einem geeigneten Künstler. Es war schließlich Raffael, auf den die Wahl fiel und der die Stanzen mit diesen heute weltberühmten Fresken dekoriert hat. Raffael war ein erst 25-jähriger Mann, als ihn der Papst mit den Arbeiten beauftragte. Zuerst waren außer Raffael noch weitere Maler bestellt, um diese Räume auszuschmücken. Doch als Papst Julius II. das erste Fresko Raffaels - „Die Schule von Athen" - sah, beschloss er, Raffael allein sollte die Arbeiten in den Stanzen übernehmen.

„Die Schule von Athen“ ist ein Meisterwerk Raffaels. Es befindet sich in der „Stanza della Segnatura“, dem Arbeitszimmer und der Bibliothek des damaligen Papstes. Raffael hat auf diesem Fresko den Triumph des menschlichen Denkens ins Bild gesetzt: Die Philosophie (*s. Begriffserklärungen*) und die Naturwissenschaften. In Europa nahmen Philosophie und Naturwissenschaften ihren Ausgang in der Antike. Raffael hat daher die berühmtesten Denker dieser Epoche in seinem Werk dargestellt.
Den Philosophen gehört der wichtigste Platz im Bild. In der Bildmitte gehen die berühmten griechischen Philosophen Platon und Aristoteles nebeneinander her. Sie diskutieren. Ihr Gespräch wird von Zuschauern und Zuhörern verfolgt. Rechts im Bildvordergrund forschen Wissenschaftler, sie sind über Globen und geometrische Figuren gebeugt. Links im Bildvordergrund herrschen Nachdenken, Brüten und Grübeln. Vielen Figuren soll Raffael die Gesichtszüge berühmter Malerkollegen verliehen haben. So trägt Platon das Gesicht von Leonardo da Vinci, Heraklit das von Michelangelo und Euklid zeigt sich als Bramante. Sich selbst hat der junge, bartlose Raffael in der unteren Figurengruppe, ganz rechts gemalt. Er trägt ein schwarzes Barett, eine Mütze, wie sie in Ländern des Mittelmeerraums auch heute noch getragen wird.

In der „Stanza di Eliodoro“, dem Empfangszimmer des Papstes, zeigen die Fresken Szenen, in denen Gott in das Leben der Menschen eingegriffen hat. Das **Heliodor-Fresko** stellt ein Thema aus den Apokryphen, den weniger anerkannten Schriften der Bibel, dar: Die Vertreibung des Heliodor aus dem Tempel in Jerusalem. Heliodor war Schatzmeister des Königs von Syrien. Im Auftrag seines Herrn sollte er den Schatz des Tempels von Jerusalem beschlagnahmen. Gott verhinderte dies und ließ ihn verjagen. Das Bild zeigt, wie Heliodor beim Verlassen des Tempels von einem göttlichen Ritter und seinen Helfern angegriffen und zu Boden geschleudert wird.
Auch auf diesem Bild hat sich Raffael wieder selbst portraitiert. Zusammen mit seinen Malschülern trägt er Papst Julius II. in einer Sänfte. Raffael ist mit Bart zu sehen. Kein Wunder, denn in den insgesamt neun Jahren, die er für die Ausmalung der „Stanzen“ brauchte, war der junge Mann zu einem reifen Mann herangewachsen. In den „Stanze di Eliodoro“ befindet sich auch die Darstellung der

Befreiung des Apostel Petrus. Dieses Fresko ist wegen der Spiegelungen des Lichts, die Raffael auf die Ritterrüstungen gemalt hat, berühmt geworden.

Die Sixtinische Kapelle

Zur selben Zeit wie Raffael war auch Michelangelo im Vatikan beschäftigt. Man sagt sogar, dass er auf das Werk Raffaels eifersüchtig gewesen sei. Dabei malte er selbst das „Herrlichste, das ein einzelner Mensch schaffen kann". Das zumindest sagte der „Dichterfürst" Johann Wolfgang Goethe über die Fresken der **Sixtinischen Kapelle**. Die Sixtinische Kapelle ist die Palastkapelle des Papstes, in der zuweilen Gottesdienste und feierliche Veranstaltungen stattfinden. Benannt wurde die Kapelle nach Papst Sixtus IV., der den kirchlichen Saal erbauen ließ. Er ist mit einer Länge von 40 Meter und einer Breite von 13,5 Meter genau so groß wie der antike Tempel in Jerusalem, den die Römer zerstört haben.

An die Decke der Sixtinischen Kapelle hat Michelangelo diese Szene gemalt. Man nennt sie die „Beseelung Adams": Gott haucht Adam Leben ein.

In der Sixtinischen Kapelle finden sich die Kardinäle zur Wahl eines neuen Papstes zusammen. Wie die Wahl ausgegangen ist, erkennt man am Rauch, der aus dem Kaminschlot der Sixtinischen Kapelle dringt. Haben sich die

Kardinäle auf einen Papst verständigt, lässt man weißen Rauch aus dem Schlot. Ist der Rauch schwarz, fiel die Wahl unentschieden aus und so wird weiter beraten.
Im Jahr 1508 gab Papst Julius II. Michelangelo den Auftrag, die Decke der Sixtinischen Kapelle auszumalen, eine Fläche von 530 Quadratmetern.

Pollino und Pollina saßen auf einer Bank und guckten nach oben. Sie waren überwältigt von der unglaublichen Menge an Figuren, die in kräftigen, leuchtenden Farben von der Decke auf sie herunterblickten. Weder Pollino noch Pollina sagten ein Wort.

Unbemerkt von beiden setzte sich ein älterer Mann neben Pollino. „Schön nicht?", sagte er. Pollino zuckte erschreckt zusammen und drehte sich um. „Wollt ihr wissen, wie das alles entstanden ist? Ich war selbst dabei."
Und Giuseppe, so hieß der alte Mann, begann, seine Geschichte zu erzählen.

„Als Michelangelo davon hörte, dass der Papst Julius II. ihn in die Vatikanstadt holen wollte, war er alles andere als begeistert. Schon einmal hatte er für die eigensinnigen Päpste gearbeitet und die ganze Zeit nur mit ihnen gestritten. Aber Papst Julius II. war bekannt als großer Kunstliebhaber und konnte den berühmten Künstler überreden. Als Michelangelo mit den Arbeiten begann, war ich gerade mal 14 Jahre alt. Meine Familie ist eine richtige römische Familie. Bereits mein Ur-Ur-Großvater war Römer. Mein Papa hatte einen kleinen Gemüseladen im Borgo, dem Altstadtviertel bei der Vatikanstadt. Jeden Tag, früh am Morgen ging er zum Papstpalast und gab dem Dienstpersonal mehrere Kisten mit frischem Obst und Gemüse. Oft begleitete ich ihn dabei und half, die Kisten abzuladen. Mit der Zeit wurde ich ganz schön kräftig. Vielleicht war das auch der Grund, warum Michelangelo, der mir wohl bei der Arbeit zugesehen hatte, mich als Laufbursche haben wollte. Vater war natürlich damit einverstanden, denn die Kirche zahlte immer einen guten Lohn. Ich verdiente sogar mehr als mein Vater.

Am Anfang machte mir die neue Arbeit überhaupt keinen Spaß. Ich musste immer nur Pinsel auswaschen oder dem Meister etwas zu essen holen. Michelangelo behandelte seine fünf Malergesellen und mich zunächst auch recht schlecht. Ich glaube, er war nervös, weil er nicht wusste, wie er die riesige Decke bemalen sollte. Außerdem war es das erste Mal, dass er ein Fresko malte. Einfach nur die 12 Apostel darzustellen, war Michelangelo zu wenig. Doch dann hatte er eine Idee, und noch eine und noch eine. Er begann, wie wild zu malen. Ich machte mir Sorgen, denn mein Meister wollte sich nicht mehr ausruhen. Er lag viele Stunden täglich auf einem wackligen Holzgerüst, mit dem Gesicht starr zur Decke, und malte.
Vier Jahre dauerte es, bis die Decke fertig war. In dieser Zeit ließ er niemanden in die Kapelle. Einmal wollte der Papst unbedingt einen Blick auf Michelangelos Geheimnis erhaschen. Michelangelo erfuhr davon und täuschte eine Abreise vor. Den Schlüssel zur Kapelle hinterließ er bei einem Wärter. Der Papst war allzu neugierig und überredete den Wärter, ihm den Schlüssel zu übergeben. Er trat in die Kapelle. Mein Meister hielt sich währenddessen auf dem Holzgerüst versteckt und beobachtete, wie der Papst immer näher kam. Als dieser unter dem Gerüst stand, warf mein Meister außer sich vor Wut Holzlatten auf den armen Kirchenvater. Mit einem lauten Schrei rannte der Papst aus der Kapelle. Michelangelo fürchtete seine Rache und reiste deswegen tatsächlich aus Rom ab. Doch der Papst verzieh ihm bald und holte ihn zurück.

Über 300 Figuren hat mein Meister gemalt, und ich sah, wie jede einzelne entstand. Das werde ich in meinem ganzen Leben nicht vergessen. Um das Blau des Himmels zu malen, benutzte er Pulver aus Lapislazuli, einem wertvollen

blauen Stein. Mein Lieblingsbild ist das, auf dem Gott mit dem Finger Adam zum Leben erweckt. Jeder, der die Decke sah, sprach meinem Meister höchstes Lob aus. Ich begreife bis heute nicht, warum Michelangelo später behauptete: 'Ich verstehe nichts von Freskenmalerei, sie ist mir ein fremdes Handwerk'. Nachdem mein Meister die Arbeit beendet hatte, wurde ich entlassen. Ich half wieder meinem Vater im Gemüseladen und hörte lange Zeit nichts mehr von Michelangelo. Aber 22 Jahre später bekam ich eine Nachricht, ich sollte mich im Papstpalast melden. Ich war mittlerweile verheiratet und hatte den Laden meines Vaters übernommen. Als ich in die Vatikanstadt kam, stand vor mir ein fast 70 Jahre alter Mann mit langem Bart. Zunächst erkannte ich nicht, wer dieser Mann sein sollte. 'Giuseppe, kennst du mich denn nicht mehr?', sagte der Alte. Was für eine Überraschung, es war mein Meister. 'Hilfst du mir wieder?', sagte Michelangelo. 'Diesmal soll ich die Altarwand bemalen, und ich brauche noch mehr Helfer als zuvor.' Natürlich war ich begeistert, Michelangelo wieder zur Seite stehen zu dürfen.

Fresken entstehen, indem der Künstler direkt auf die frisch verputzte, noch feuchte Wand malt. Sobald der Putz trocknet, dringt die Farbe in den Putz ein und kann sich so über Jahrtausende erhalten.

Doch diesmal machten mir die Figuren, die mein Meister malte, Angst. Michelangelo stellte den Tag des Weltuntergangs dar, das 'Jüngste Gericht'. Auf dem Bild sieht man, wie zornig Gott ist. Er wird bestimmt keine Gnade walten lassen. Erneut überfiel meinen Meister das 'Malfieber', und er malte insgesamt 394 Figuren. Viele davon waren nackt, und deswegen sollte Michelangelo noch gehörigen Ärger bekommen. Die hohen Kirchenbeamten meinten, so etwas könnte man in der Kapelle des Kirchenvaters nicht zeigen, sondern nur in einem Badezimmer oder einem Wirtshaus. Ihr könnt euch gar nicht vorstellen, wie zornig da mein Meister wurde. Aus Rache gab er einer Figur in der Hölle, dem Minos, das Aussehen eines Prälaten und malte ihn umgeben von Schlangen und Teufeln. Vergeblich bat der Betroffene meinen Meister, die Figur wieder zu entfernen - sie blieb für immer zum Andenken an diese Geschichte.

Später ließ ein anderer Papst die Genitalien der nackten Figuren einfach übermalen. Der Maler, den die Kirche damit beauftragte, nannte der Volksmund spöttisch den „Hosenlatzmaler". Und bis heute haben die Figuren ihre „Hosen" anbehalten. Mein Meister wurde zum Bauleiter der Peterskirche bestimmt und schuf dort die herrliche Kuppel. Oft

besuchte ich ihn auf der Baustelle. Bis zu seinem Tod blieb er nun in Rom, und als er mit 89 Jahren starb, gab es eines der prunkvollsten Begräbnisse, die Rom je gesehen hatte. Wie oft musste ich später an unsere gemeinsame Zeit denken. Ich weiß, Michelangelo wird man nie vergessen - selbst im nächsten Jahrtausend nicht!"

Mit diesen Worten erhob sich der Alte und ging aus der Sixtinischen Kapelle. Pollino und Pollina blickten wieder und wieder auf die Figuren an der Decke und an der Wand und dachten dabei an die Geschichte des Mannes. Bis ein Museumswärter sie und die übrigen Touristen aufforderte, sich in Richtung Ausgang zu begeben. Die Museen schließen kurz vor 17 Uhr.

Das Jüngste Gericht des Michelangelo

Das riesige Fresko zeigt, wie Gott am Tag des „Jüngsten Gerichts", also am letzten Tag der Menschheitsgeschichte, die Menschen in „Gut" und „Böse" teilt. Oben im Bild sieht man Engel, die die Symbole des Leidensweges Christi tragen: das Kreuz, die Dornenkrone, die Säule, an die Christus gefesselt wurde, und die Leiter, mit der er auf das Kreuz stieg.

In der Bild-Mitte ist Christus abgebildet, wie er über die Menschen richtet. Er sieht aus wie ein junger antiker Gott. Ähnelt sein Gesicht nicht dem des Apollo von Belvedere, jener Statue, die ihr im Cortile Ottagonale des Museums gesehen habt? An seiner Seite befindet sich die heilige Maria, seine Mutter. Heilige, Kirchenväter und Märtyrer füllen das Paradies zur Linken und zur Rechten Jesu. Die Märtyrer unterhalb von Christus halten verschiedene Gegenstände in den Händen. Diese Gegenstände sind die Marterwerkzeuge, mit denen sie zu Tode gefoltert wurden. Der heilige Bartholomäus hält in der einen Hand ein

Messer, in der anderen seine Haut - bei lebendigem Leib hatte man ihn gehäutet. Der Kopf des Bartholomäus ist ein Selbstporträt Michelangelos. Seine langjährigen Arbeiten in der Sixtinischen Kappelle hatten ihm, wie einem Märtyrer, harte körperliche Mühen abverlangt. Der heilige Laurentius zeigt den Rost, auf dem er verbrannt wurde; und der heilige Sebastian trägt die Pfeile, mit denen ihn die Schergen der Kaiser Diokletian und Maximianus getötet haben.

Im unteren Teil des Freskos blasen Engel in Trompeten. Sie rufen die Menschen herbei, damit sie vor Gottes Gericht treten. Die Engel halten zwei Bücher in den Händen: in dem größeren stehen die „bösen" Taten der Menschen, und in dem kleineren Buch sind die „guten" Taten verzeichnet. Die „Erhörten" befinden sich zur Rechten Christi (von euch aus gesehen auf der linken Seite). Sie werden von Engeln in das Paradies geholt. Zu seiner Linken (von euch aus rechts) finden sich die Verdammten, die in die Tiefen der Hölle hinuntergezogen und -gestoßen werden.

Die Engelsburg

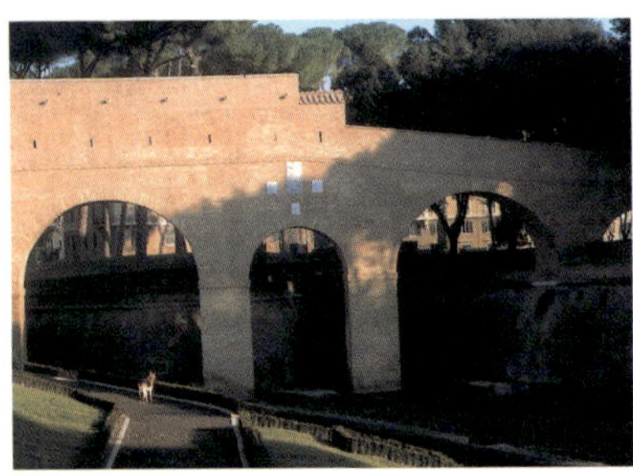

Vom Vatikan zur Engelsburg gibt es einen Jahrhunderte alten oberirdischen Korridor, den so genannten **„passetto"**. Benutzt wurde er im Mittelalter. Immer wenn feindliche Soldaten die Vatikanstadt überfielen und belagerten, konnten die Päpste durch diesen 800 Meter langen Gang in die sichere Engelsburg flüchten. Der „passetto" ist heute noch zum Teil begehbar.

Die Geschwister konnten bereits die Engelsburg sehen, als Pollina plötzlich stehenblieb. „Sieh mal, Pollino, das ist das  **Krankenhaus von Santo Spirito in Sassia**. *Hier wurden Waisenkinder und unerwünschte Kinder aufgenommen." Pollina ging zu einem großen Tor und deutete auf einen Ring. „Und da hing das hölzerne 'Rad der Ausgesetzten und Findelkinder'. Unerwünschte oder allein gelassene Neugeborene konnten in dieses Rad hineingelegt werden. Drehte man das Rad, erklang eine Glocke und eine Amme holte das Kind."*

Die Burg des Erzengels Michael

Die **Engelsburg** war ursprünglich ein Mausoleum, die Grabesstätte des Kaisers Hadrian. Das Wort „Mausoleum" leitet sich von dem griechischen König Mausolos her. Dieser hatte sich zu Lebzeiten eine monumentale Grabesstätte bauen lassen. Wegen der riesigen Ausmaße war sein „Mausoleum" in der ganzen antiken Welt berühmt. Hadrian wollte es ihm gleichtun und errichtete für sich und seine Angehörigen ein eigenes Mausoleum. In der Burg führt eine antike Rampe hinab zur quadratischen Grabkammer, in der außer Hadrian noch andere römische Kaiser begraben liegen. Ein Modell zeigt, wie das Mausoleum ursprünglich ausgesehen hatte. Im 3. Jahrhundert n.Chr.

ließ Kaiser Aurelianus die Grabesstätte zur Festung ausbauen. Als einige Jahrhunderte später die Goten einmal die Stadt belagerten, benutzten die Römer die Statuen des Mausoleums als Wurfgeschosse. Damit konnten sie verhindern, dass der Vatikan geplündert wurde. Ihren Namen bekam die Engelsburg im Jahr 590, als eine große Pest in Rom wütete, an der viele Menschen starben. Papst Gregor I. zog an der Spitze einer Prozession zum Mausoleum, um Gott um Hilfe zu bitten. Da erschien über dem Mausoleum der Erzengel Michael, der das Schwert des göttlichen Zorns in die Scheide zurücksteckte. Sogleich hatte die schreckliche Pestepidemie ein Ende. Zur Erinnerung an die Rettung Roms wurde eine riesige Bronzestatue auf der Burg angebracht. Das Mausoleum Hadrians wurde nun umbenannt in Castel Sant'Angelo, Engelsburg.

Die Brücke vor der Engelsburg heißt **Engelsbrücke**. Zehn Engel schmücken das Geländer dieser Brücke. Sie wurden von Gian Lorenzo Bernini entworfen. Selbst Hand angelegt hat der Künstler angeblich bei dem Engel mit der Dornenkrone und jenem mit dem Kreuzritter-Schild. Einem Kardinal gefielen die beiden Engel so gut, dass er sie einfach mitnahm. Die Engel, die jetzt an ihrer Stelle dort stehen, sind also nur Kopien. Die echten Engelsstatuen könnt ihr in der Kirche Sant'Andrea delle Fratte bewundern.

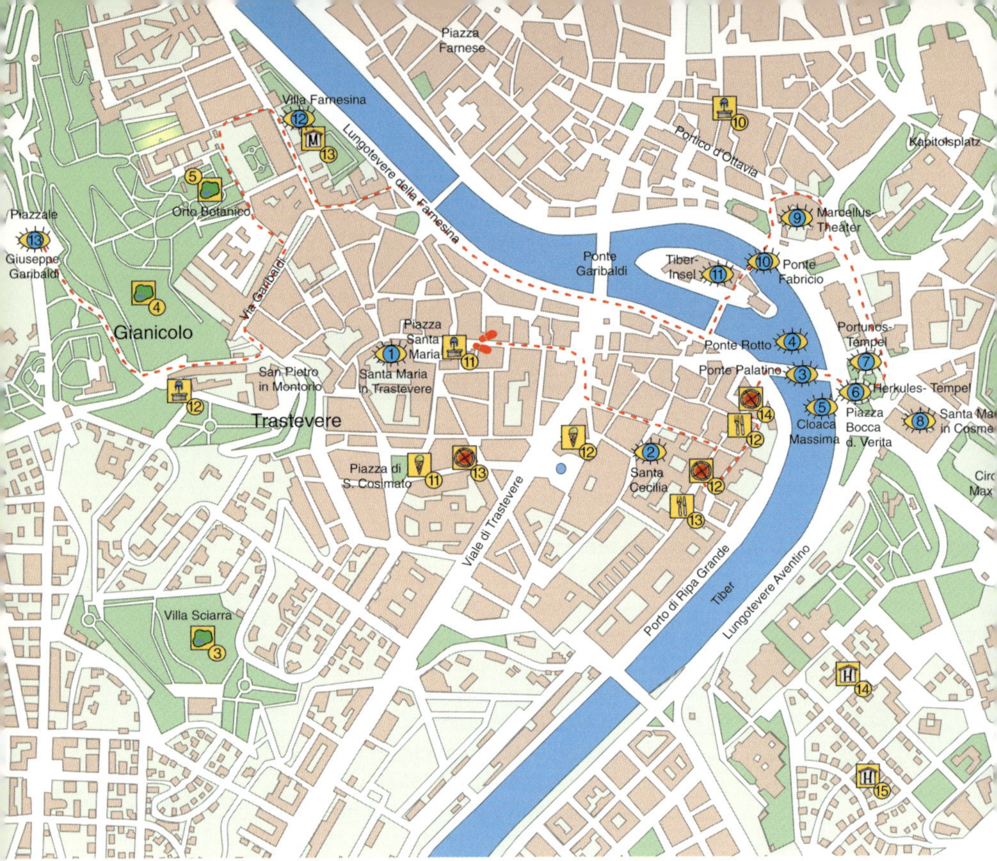

Übersichtsplan: Trastevere

Trastevere - Ein Dorf mitten in Rom

Marco hatte Pollina und Pollino ganz schön neugierig auf das Stadtviertel Trastevere gemacht. Gestern abend waren sie mit ihren Eltern und Marco lecker essen. Der Römer, mit dem ihr Vater früher in einer Firma zusammengearbeitet hatte, brachte die Familie in ein kleines Gasthaus in Trastevere. Sie mussten ein Stück zu Fuß gehen, denn die Straßen waren so verwinkelt und schmal, dass Autos nur mit Mühe durchpassten. Sie staunten, wie viele Menschen hier unterwegs waren: Touristen, aber auch eine Menge Römer. Endlich erreichten sie das Gasthaus. Pollino musste kichern, als Marco den Namen der Trattoria übersetzte: „L'asino cotto", „Der gekochte Esel". Hoffentlich schmeckt das Essen in dem Gasthaus nicht so merkwürdig, wie sein Name klingt, dachte Pollina.

Aber Pollina und ihr Bruder waren erst einmal sprachlos bei der reichen Auswahl an Vorspeisen, die es in dem Restaurant gab. „Antipasti" sagten die Kellner dazu, und zeigten auf in Olivenöl eingelegte Auberginen und Paprika, auf Tintenfischringe und Scampi und allerlei lecker zubereitete Salate. Dann bekam Pollina ihr „primo". Dieses „erste" Essen besteht in Italien meist aus Nudel- oder Reisgerichten. Pollina hatte noch nie so gute Spaghetti gegessen. Die hausgemachten Nudeln und die Carbonara-Soße aus Eiern, Speck und Käse - einfach umwerfend. Nach diesem Festmahl waren Pollinas Sorgen über das Essen im „Gekochten Esel" endgültig weggefegt.

Sie wollte und konnte gar nicht verstehen, warum die anderen nach dem Teller Nudeln eine Hauptspeise, ein „secondo", also ein „zweites" Gericht, bestellten. Der Fisch, den Pollino aß, hieß „Filetto di Baccalà" - ein Filet vom Stockfisch; das sah aber auch ganz lecker aus. Ihre Eltern und Marco saßen vor riesigen Portionen Lamm mit Bratkartoffeln - Pollina jedoch hatte sich noch einen Teller Spaghetti Carbonara bestellt.

Beim Nachtisch begann Marco über den Stadtteil Trastevere zu erzählen. Marco ist in diesem Viertel Roms geboren und aufgewachsen. „Der Name 'Trastevere'", begann Marco, „stammt vom lateinischen 'trans Tiberim', was so viel heißt wie 'jenseits des Tiber'. Die Gegend hier war schon früh besiedelt. Es wird sogar behauptet, die Siedlung von Trastevere sei älter als die von Rom. Nun, wie auch immer, jedenfalls wurde Trastevere als erster Stadtteil rechts des Tiber an die antike römische Stadt angegliedert."

„Es gab da nur ein Problem...", Marco machte eine kleine Pause. Gespannt blickten die Zuhörer auf ihren italienischen Erzähler: „Wir aus Trastevere wollten eigentlich nie Römer sein. 'Noantri', 'wir anderen', so bezeichnen wir uns hier in Trastevere. Das war früher so, als überwiegend Matrosen, Handwerker und Händler in Trastevere wohnten, und das ist bis heute so geblieben. Die Einwohner von Trastevere leben eigentlich mehr wie in einem Dorf als in einer Millionenstadt," endete Marco. „Wieso wohnten hier Matrosen?", wollte Pollina wissen, „es gibt doch kein Meer!" „Aber einen großen Fluss," erwiderte Marco. „Die Matrosen arbeiteten auf den Schiffen, die vom Meer den Tiber zum Stadthafen hinauffuhren. Das antike Rom hatte auch einen Hafen. Er befand sich am Flussufer gegenüber von Trastevere. Die Aufgabe von Matrosen war es auch, die Sonnensegel im Kolosseum zu bedienen. Übrigens

stammten sie aus vielen verschiedenen Teilen des römischen Reiches. In Trastevere lebten Etrusker, Gallier [illegible] zusammen.

Pollina und ihr Bruder wollten weitere Fragen stellen, aber ihr Vater kam ihnen zuvor. Es war mittlerweile schon spät geworden, und er hielt es für angebracht, ins Hotel zurückzugehen. Marco sah, wie traurig die Geschwister dreinblickten: „Wie wär's, wenn ihr euch morgen Nachmittag mit Roberto, meinem Sohn, auf der Tiberinsel trefft. Der ist etwa so alt wie ihr und weiß auch eine Menge über Trastevere zu erzählen."

Die **Piazza Santa Maria in Trastevere** eignet sich hervorragend als Ausgangspunkt für euren Rundgang durch Trastevere. Der Platz bildet mit dem Brunnen und der Kirche den Mittelpunkt des alten Stadtviertels.

Oben: Die Kirche Santa Maria in Trastevere auf dem gleichnamigen Platz.
Unten: Das Mosaik in der Apsis (s. Begriffserklärungen) von Santa Maria in Trastevere.

1 **Santa Maria in Trastevere**

Eine Legende besagt, dass die Kirche Santa Maria in Trastevere an der Stelle errichtet wurde, an der eine Ölquelle aus dem Boden sprudelte. Man glaubte, dass die Quelle den kommenden Erlöser Jesus Christus ankündigen würde - und das immerhin 38 Jahre vor seiner Geburt. Übrigens heißt eine Seitenstrasse an der Piazza „Via della Fonte d'Olio", Straße der Ölquelle. Vermutlich ist Santa Maria in Trastevere die erste Kirche in Rom gewesen, in der Christen öffentlich ihren Gottesdienst feiern konnten. Feststeht, dass sie die erste Kirche in Rom war, die der heiligen Maria geweiht wurde. Im 3. Jahrhundert wurde mit ihrem Bau begonnen. Dabei verwendete man unter anderem 22 antike Granitsäulen aus den Caracalla-Thermen. Die Säulen stehen noch heute in der Kirche.

Beim Betreten der Kirche fallen sofort die leuchtenden Mosaiken der Apsis ins Auge.

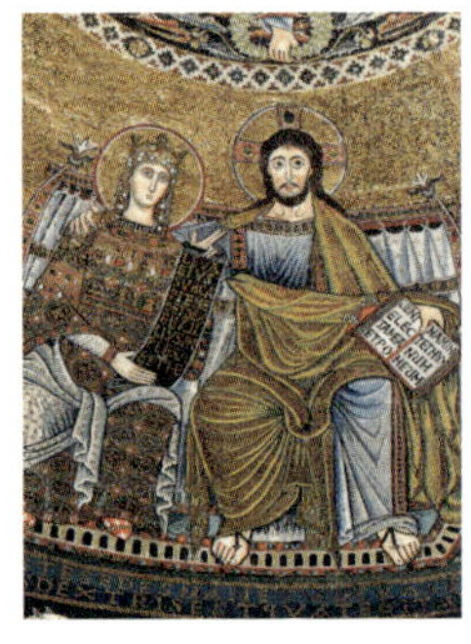

Wenn ihr genau hinseht, erkennt ihr, wie sich die Kunst des 12. und die des 13. Jahrhunderts voneinander unterscheiden. Oben sind die älteren Mosaiken angebracht. Sie zeigen Jesus und Maria in der Mitte, links und rechts davon eine Gruppe Heiliger und Propheten. Darunter ist ein Lamm (Christus) zu sehen, dem von rechts, aus Bethlehem, sechs Lämmer (Apostel) entgegenkommen. Von links nähern sich ihm wiederum sechs Lämmer, diesmal aus Jerusalem. Die Figuren erscheinen in diesen Abbildungen sehr flächig und unkörperlich. Der Künstler legte sichtlich weniger Wert auf ihre natürliche Erscheinung. Die flache Gestalt soll die geistige Tiefe dieser Menschen hervorheben. Anders die Mosaiken darunter. Sie stammen von Pietro Cavallini, der sie etwa ein Jahrhundert später schuf. Hier wirken die Körper der Figuren viel lebendiger und das Natürliche steht im Vordergrund.

Oben rechts: Der ältere Teil der Mosaiken in der Apsis von Santa Maria in Trastevere. Unten seht ihr die Mosaiken von Pietro Cavallini. Sie entstanden etwa ein Jahrhundert später.

Ein weiteres Kunstwerk von Pietro Cavallini könnt ihr in der Kirche Santa Cecilia in Trastevere, gleich in der Nähe, betrachten. Es handelt sich um das Fresko vom „Jüngsten Gericht".

Santa Cecilia in Trastevere ist der Märtyrerin (*s. Begriffserklärungen*) Cäcilia gewidmet. Sie ist neben Santa Maria in Trastevere die bedeutendste Kirche dieses Stadtviertels.

Pollino überraschte seine Schwester mit der Legende über die heilige Cäcilia: „Cäcilia war die junge Frau des Römers Valerian", begann Pollino. „Sie war Christin und bekehrte auch ihren Ehemann zum Christentum. Die beiden wurden daraufhin zum Tod verurteilt. Erst versuchte man, Cäcilia in kochendem Wasser zu ertränken. Dann führte man

sie dem Henker vor, um sie zu enthaupten. Aber auch dessen drei Axthiebe - mehr waren damals nach dem Gesetz nicht erlaubt - konnten Cäcilia nicht töten. Erst nach drei Tagen starb sie an den Folgen der qualvollen Martern. Die liegende Statue im Schrein unterhalb des Baldachins zeigt, in welcher Haltung man die heilige Cäcilia fand, als ihr Grab geöffnet wurde". „Arme Cäcilia!", bemerkte Pollina.

Der Legende nach wurde die Kirche Santa Cecilia im 9. Jahrhundert genau über dem Wohnhaus der Cäcilia errichtet. Im Innern der Kirche findet ihr einen Korridor, der zum Badezimmer des römischen Hauses führte. Hier soll Cäcilia gefoltert worden sein. Unter der Kirche hat man Fußbodenmosaiken und Säulen von römischen Häusern entdeckt. Auf dem Weg hinunter zur Krypta kann man Badewannen, Inschriften und Steinreliefs antiker Wohnungen bewundern.

„An der Legende scheint also doch etwas Wahres zu sein", flüsterte Pollina leise vor sich hin.

Der Tiber

Es ist gar nicht so einfach, einen Blick auf den Tiber werfen zu können. Links und rechts des Flussufers führen stark befahrene Straßen entlang. Tagsüber zeigt sich der Fluss oft trüb und schmutzig. Kaum zu glauben, dass die Römer bis vor wenigen Jahrzehnten darin gebadet haben. Und dabei kommt das Tiberwasser klar und sauber aus einer Quelle in den Appenin-Bergen. Aber auf 396 Kilometern, die der Tiber von der Toskana bis zu seiner Mündung am Meer zurücklegt, hat es heutzutage wohl jeder Fluss schwer, „sauber" zu bleiben. An Tagen mit wolkenlos blauem Himmel oder in der Dämmerung und am Abend, wenn sich die Lichter der Stadt im Fluss spiegeln, zeigt sich der Tiber von seiner romantischen Seite.

Pollino und Pollina standen auf der Brücke Palatino, *im Italienischen* **Ponte Palatino**, *und blickten auf den Tiber. „Der Tiber, ein Gott, jetzt versteh ich", sagte Pollina beeindruckt. „Wieso Gott?", wollte Pollino wissen. „In der Antike haben die Römer den Fluss als einen Gott verehrt. Er hatte für die Stadt eine große Bedeutung. Zum einen war er sozusagen die westliche Stadtgrenze Roms. Und zum anderen diente er als wichtiger Transportweg. Auf Lastkähnen wurden Getreide aus Nordafrika und Sizilien, Wein aus Griechenland, Schafswolle aus Britannien, Oliven aus Spanien und Luxusgüter aus allen Provinzen des Reiches in die Stadt geliefert", schwärmte Pollina. „Ja, aber*

das war sehr mühselig. Die Lastkähne mussten von kräftigen Männern und von Ochsen gezogen werden", entgegnete Pollino. „Die großen Schiffe ankerten im 28 Kilometer entfernten römischen Meereshafen von Ostia. Mit ihrer schweren Ladung konnten sie den Tiber nicht flussaufwärts fahren."

Der Hafen der antiken Stadt befand sich unterhalb des Aventin-Hügels am Forum Boarium, etwa an der heutigen Piazza dell'Emporio. In zahlreichen Hafengebäuden längs des Tiber wurden die Güter gelagert. Es gab zweistöckige Lagerhäuser mit Büros und großen Räumen, aber auch viele Handwerksbetriebe, die sich in der Hafengegend bevorzugt ansiedelten. Die Römer hatten sogar einen Müllberg. Über Jahrhunderte stapelte man auf dem Monte Testaccio die Scherben von 50 Millionen Vorratskrügen. Der Hügel erreichte schließlich eine Höhe von 40 (!) Metern.

Aber der Tiber war für das Leben in Rom nicht nur segensreich, er brachte auch große Gefahren mit sich. Oftmals trat der Fluss über die Ufer und überschwemmte die anliegenden Stadtviertel. Unter dem Durchgang des Arco dei Banchi, in der gleichnamigen Straße, zeigt eine Markierung aus dem Jahr 1277, wie weit das Wasser damals in die Stadt eindrang. Die schwersten Überschwemmungen, von denen Rom heimgesucht wurde, ereigneten sich in den Jahren 1598 und 1870. Das Flusswasser erreichte damals auf der einen Seite die Piazza di Spagna, auf der anderen den Petersplatz. Die halbe Innenstadt stand unter Wasser. Nach der Flutkatastrophe von 1870 befestigten die Bürger Roms die Ufer mit hohen Mauern und „zähmten" so den widerspenstigen Tiber.

Oben: Das längste Gebäude Roms, das Hospiz San Michele. Gegenüber lag der antike Hafen.
Unten: Der Tiber ist heute von hohen Mauern eingefasst.

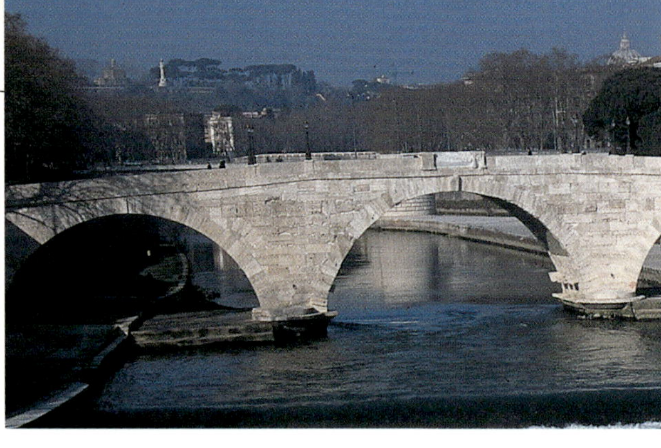

Rechts: Der Ponte Rotto, die „kaputte Brücke". Unten rechts: Der Herkules-Tempel. Bis vor kurzem meinte man, es handle sich um einen Vesta-Tempel. Aber wer kann heute schon mit letzter Sicherheit sagen, welche genauen Bedeutungen die antiken Gegenstände und Gebäude hatten? Unten links: Der Portunos-Tempel

Ihr überquert nun den Ponte Palatino zur anderen Uferseite. Von der Brücke aus sieht man den **Ponte Rotto**, die „kaputte Brücke". Es stehen nur noch einige Reste dieser ersten Steinbrücke Roms, die über den Tiber führte. Sie wurde durch eine Überschwemmung zerstört. Gegenüber erkennt ihr die antike **Cloaca Massima**. Sie diente im frühen Rom nicht nur dazu, die Gegend um das Forum Romanum trockenzulegen, sondern wurde in späteren Zeiten zum wichtigsten Abwasserkanal der antiken Stadt. Der Kanal hat einen Durchmesser von fünf Metern. Apropos Stadtgeschichte: Hier in der Nähe, bei der Kirche San Giorgio in Velabro, soll der Bauer Faustulus die Zwillinge Romulus und Remus entdeckt haben.

Forum Boarium

An der **Piazza della Bocca della Verità** wurde in der Antike der Rindermarkt abgehalten, deshalb hieß der Platz **Forum Boarium**. Hier herrschte stets ein geschäftiges Treiben von Händlern, Geldwechslern und Kaufleuten. Noch heute stehen auf der Piazza zwei sehr gut erhaltene antike Tempel, der runde **Herkules-Tempel** und der rechteckige **Portunos-Tempel**, der dem Hafengott geweiht war. Der Herkules-Tempel wurde im 2. Jahrhundert v.Chr. erbaut und ist der älteste Marmortempel in Rom.

Bocca della Verità - „Der Mund der Wahrheit“

In der Vorhalle der Kirche **Santa Maria in Cosmedin** gibt es eine furchterregend dreinblickende Steinmaske. Die „Bocca della Verità“ ist eine antike Maske, die einen Flussgott darstellt. Wahrscheinlich diente sie ursprünglich als Kanaldeckel für die Cloaca Massima. Die Römer behaupten, wenn ein Lügner die rechte Hand in ihren Mund steckt, dann würde die „Bocca“ zubeißen. Im Mittelalter hat man tatsächlich Angeklagte bei Gerichtsverhandlungen vor die „Maske“ geführt, um sie diesem „Lügentest“ zu unterziehen.

„Hast Du schon mal gelogen?“ fragte Pollina ihren Bruder. „Na, ja....“ seufzte dieser. „Halt mal deine Hand in diesen Mund, du kennst doch die Geschichte, oder?“ fuhr Pollina fort. „An so ein dummes Zeug glaubst du wohl nicht im Ernst“, reagierte Pollino ärgerlich. „Na, dann probier es einfach mal! Hast du etwa Angst?“ „Ich doch nicht!“ Langsam führte er seine Hand in den Schlitz der Maske. „Blödes Spiel!“ rief er plötzlich und zog blitzschnell seine Hand zurück. „Probier's du doch!“, Pollino trat zur Seite. Aber Pollina kicherte nur und ging durch das Eingangsportal in die Kirche.

Santa Maria in Cosmedin

Diese Kirche gehört zu den schönsten unter den kleineren Gotteshäusern in Rom. Sie wurde im 6. Jahrhundert auf den Resten einer antiken Säulenhalle errichtet. Der mittelalterliche Innenraum ist ganz schlicht. Besonders beeindrucken der Fußboden mit seiner interessanten Musterung und die Decke, von der unzählige Goldsterne auf nachtblauem Grund herunterfunkeln. Die Mosaiken im Altarbereich sind bereits über 1.200 Jahre alt.

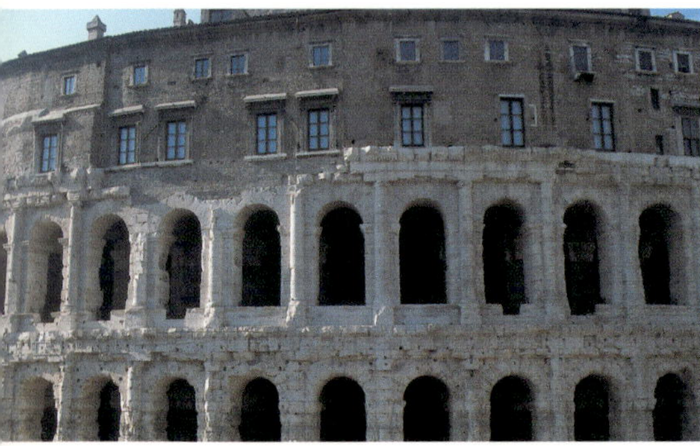

Nicht weit von Santa Maria in Cosmedin befindet sich das **Marcellus-Theater**. Dieses Theater für Schauspiele wurde im Jahr 17 v.Chr. gebaut und war Marcellus, dem jung verstorbenen Schwiegersohn von Kaiser Augustus, geweiht. Die Fassade ist noch sehr gut erhalten, und das Gebäude vermittelt einen anschaulichen Eindruck davon, wie Theaterbauten in der Antike aussahen. Das etwa 33 Meter hohe Bauwerk bot bis zu 15.000 Zuschauern Platz. Während einer Theatervorstellung ging es immer sehr laut zu. Die Zuschauer unterhielten sich miteinander, beklatschten die Schauspieler - oder beschimpften sie lauthals, wenn sie mit ihnen unzufrieden waren. Durch die Masken, die die Schauspieler trugen, konnte das Publikum immer gleich erkennen, um welche Figur es sich handelte: ob um einen griesgrämigen Alten, einen lustigen Sklaven oder etwa eine schöne Frau. (9)

Oben:
Das Marcellus-Theater
Rechts: Blick auf die antike Brücke Ponte Fabricio
Unten: Unklar ist, was die Marmorköpfe auf der Ponte Fabricio darstellen.

(10) Die Brücke **Ponte Fabricio** führt euch zur Tiberinsel. Wenn ihr sie überquert, geht ihr tatsächlich auf antiken Spuren. Diese Brücke wurde im Jahr 62 v.Chr. erbaut.

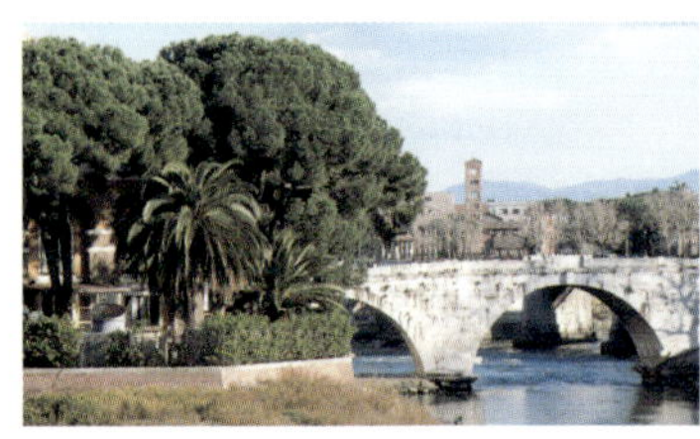

„Siehst du die beiden Skulpturen auf der Brüstung. Das sind vierköpfige Janus-Köpfe“, sagte Pollina zu ihrem Bruder. „Ach, Janus-Köpfe sind das also? Ich kenne da eine völlig andere Geschichte. Papst Sixtus V. sah, dass die Brücke kurz vor dem Einsturz stand und beauftragte vier Architekten, sie wieder in Stand zu setzen. Doch die Architekten arbeiteten wenig und stritten viel. Der Papst war darüber so zornig, dass er sie nach Abschluss der Arbeiten enthaupten ließ. Als Mahnung für alle, die in Zukunft für den Papst noch arbeiten sollten, ließ er vier Steinmasken mit den Gesichtern der Architekten an der Brücke befestigen. Das sind also keine Janus-Köpfe, die du siehst, sondern streitlustige Architekten“, schloss Pollino.

Die Tiberinsel

Am Ende der Brücke, im „Antico Café dell'Isola", dem alten Café der Insel, [illegible] Roberto, der Sohn von Marco. Obwohl Pollina und Pollino sich aufgrund der vielen Erlebnisse verspätet hatten, schien er nicht böse. „Tut uns Leid, dass wir erst jetzt kommen", entschuldigte sich Pollina. „Aber das macht doch nichts," sagte Roberto und schlürfte genüsslich an einer Granita di Limone, einer Eis-Limonade. „Hier in Rom halten wir es mit der Pünktlichkeit nicht so streng. Schließlich kann viel passieren, dass man sich verspätet". Marco hatte behauptet, es wäre einfach, seinen Sohn Roberto zu erkennen. Er würde bestimmt einen gelb-roten Schal tragen. Tatsächlich hatte sich Roberto trotz der Hitze einen solchen Schal um den Hals gewickelt. Aber nicht nur das - auch Robertos Mütze, sein T-Shirt und die Hose waren in den Farben Gelb und Rot.

„Sicherlich wundert ihr euch über meine Kleidung. Vielleicht hat es Papa ja schon erzählt, ich bin nämlich ein großer Fuß-ball-Fan. Meine Lieblingsmannschaft ist der AS Rom. Und da unsere Vereinsfarben Gelb und Rot sind, tragen wir Fans bei jedem Spiel diese Farben. Ich gehe später ins Olympiastadion, denn heute nachmittag gibt es das Lokalderby gegen Lazio Rom. Für uns Römer ist es das wichtigste Spiel des Jahres. Lazio ist der zweite große römische Fußballverein. Mein Vater sagt immer, ich wäre 'fußball-verrückt'. Aber in Rom, in ganz Italien, ist Fußball für viele Menschen die wichtigste Nebensache. Wie ist das denn in Deutschland?" Pollina unterbrach Roberto, denn sie wusste, wohin das Gespräch mit ihrem ebenfalls „fußball-verrückten" Bruder führen würde. „Ich bin aber mehr an der Geschichte dieses Teils der Stadt interessiert", drängte Pollina. „Kein Problem, da sind wir ja genau an der richtigen Stelle, denn zur Tiber-insel gibt es eine Menge zu erzählen", antwortete Roberto:

„Wir Römer nennen diese Insel 'Isola di San Bartolomeo', die 'Bartolomäus-Insel'. Sie ist zirka 300 Meter lang und etwa 80 Meter breit. Wie die Tiberinsel entstand, darüber gibt es unterschiedliche Legenden.

Eine davon besagt, dass sich die Insel aus den Getreidemengen bildete, die die Römer im Jahr 510 v.Chr. in den Tiber schütteten. Das taten sie aus Wut über den letzten Etruskerkönig Tarquinius Superbus, den sie aus der Stadt vertrieben hatten. Viele Jahre hatte er ihnen Weizen zu teuren Preisen verkauft und sie halb verhungern lassen. Eine zweite Legende erzählt, die Tiberinsel sei eigentlich keine Insel, sondern ein schwer beladenes Schiff, das hier strandete und unterging. Wenn ihr von der Brücke auf die Insel guckt, scheint die Insel tatsächlich einem leicht gebogenem Schiff zu ähneln, das im Tiber vor Anker liegt. Als die Römer in der Antike hier einen Obelisken aufstellten, bekam das 'Insel-Schiff' sogar noch einen 'Mast'.

Äskulap - der Gott der Heilkunde. Der griechische Gott wurde von den antiken Römern übernommen. Er wird immer mit einem Stab dargestellt, um den sich eine Schlange windet.

Die dritte Legende über die Insel dreht sich um den griechischen Heil-Gott Äskulap. Anfang des 3. Jahrhunderts v.Chr. war in Rom eine verheerende Pestepidemie ausgebrochen, an der viele Einwohner starben. Man flehte den griechischen Gott Äskulap um Hilfe an. Dieser schickte daraufhin den Römern eine heilige Schlange - Äskulap ist übrigens auch heute noch Schutzpatron der Ärzte und Apotheker. Die Schlange, die für Heilung sorgen sollte, wurde mit einem Schiff nach Rom transportiert. Als es an der Tiberinsel vorbei fuhr, kroch die Schlange vom Schiff und verschwand auf der Insel. Die Römer sahen das als Zeichen und errichteten dem Heil-Gott hier einen Tempel. Um den Äskulap-Tempel bauten die Römer Häuser, in denen Kranke versorgt wurden. Die 'Isola di San Bartolomeo' war sozusagen das Stadt-Krankenhaus im antiken Rom. Zwei Jahre später ging die Pest endlich zu Ende. Es wird übrigens auch behauptet, der griechische Gott soll ab Mitte des 3. Jahrhunderts v.Chr. selbst auf der Insel gewohnt haben. Ein Krankenhaus gibt es auf der Tiberinsel noch immer. Es wurde Ende des 16. Jahrhunderts als Teil des Klosters der 'Barmherzigen Brüder' erbaut. Nur an Stelle des Äskulap-Tempels steht heute die Kirche San Bartolomeo a Isola."

Roberto wurde bei seinen Ausführungen zusehends unruhiger. „Na, bin ich nicht ein super Rom Führer? Ich muss jetzt allerdings weiter, denn bald fängt das Spiel an, und ich will den Beginn nicht versäumen. Pollino, willst du vielleicht auch mitkommen? Eine Karte habe ich von meinem Vater übrig, der lieber zuhause bleiben wollte."
Pollino fuhr auf. Seine Schwester bemerkte, wie kribbelig ihr Bruder wurde und sagte zu ihm: „Du kannst meinetwegen mit Roberto gehen. Ich sag Mama und Papa Bescheid. Wir treffen uns dann im Hotel wieder." In Windeseile waren er und Roberto an der nächsten Haltestelle und stiegen in den Bus. "Ich gehe später noch auf den Gianicolo-Hügel, um Rom noch einmal von oben anzuschauen", rief Pollina ihrem Bruder hinterher.

Villa Farnesina

Ihr könnt nun Pollina zur Sommerresidenz des reichen Bankiers Agostino Chigi begleiten. Chigi, der für den Vatikan arbeitete, feierte in der Villa Farnesina prachtvolle Feste mit Päpsten, Diplomaten, Kardinälen, Fürsten, Künstlern und Schriftstellern. Für wichtige Gäste ließ der Bankier sogar extra Besteck aus Silber mit deren Wappen anfertigen. Nach dem Essen wurde das Besteck vor den Augen der Geladenen in den Tiber geworfen. Die Gäste staunten über diese verschwenderische Großzügigkeit - schließlich ahnte niemand, dass der geizige Bankier mit Hilfe von Netzen das kostbare Silbergeschirr auffangen ließ.

Agostino Chigi war aber auch ein bekannter Kunstliebhaber und mit vielen Malern und Bildhauern befreundet. Er ließ die Wände seines Palastes von den berühmtesten Künstlern der damaligen Zeit ausschmücken. Die bedeutendsten Fresken in der Villa stammen von Chigis Lieblingsmaler Raffael. Hier befindet sich sein „Galatea-Fresko", auf dem die schöne Nymphe Galatea

(ein antiker weiblicher Naturgeist) vor den Liebespfeilen des Riesen Polyphem flüchtet. Dabei kommen Galatea zwei kräftige Delphine zu Hilfe, die sie davonziehen.

Im Erdgeschoss der Villa Farnesina sind weitere Fresken von Raffael zu sehen. Raffael malte hier mit seinen Schülern Giulio Romano und Francesco Penni die Liebesgeschichte von **Amor und Psyche**. Die begann tragisch: Venus, die griechische Göttin der Schönheit, zeigte ihrem Sohn Amor eine Frau namens Psyche. Venus wollte, dass Amor Psyche bestrafte, denn sie war neidisch auf die Schönheit von Psyche. Doch Amor, statt sie zu bestrafen, verliebte sich in Psyche. Das gefiel seiner Mutter ganz und gar nicht, und sie beklagte sich darüber beim Göttervater (und zugleich Amors Vater) Jupiter. Um die erboste Venus zu beruhigen, testete Jupiter die schöne Psyche mit schweren Prüfungen. Aber Psyche bestand alle Aufgaben, und Amor gelang es, bei Jupiter Gnade für seine Geliebte zu erwirken. Jupiter schlichtete den Streit zwischen Venus und Psyche und holte Psyche in den Olymp. Damit wurde sie, wie ihr geliebter Amor, unsterblich. Und wie bei jeder schönen Liebesgeschichte gibt es auch ein „Happy-End". Amor und Psyche konnten nun endlich heiraten und luden alle Götter zu ihrer Hochzeitsfeier ein.

Wo die Reise endet - der Gianicolo

Zum krönenden Abschluss ihres Rundgangs durch Trastevere stieg Pollina zum **Gianicolo-Hügel** *hoch. Von der* **Piazzale Giuseppe Garibaldi** *(Piazzale ist einfach eine größere Piazza) genoss sie noch einmal einen herrlichen Blick über ganz Rom mit seinen zahlreichen Kuppeln und Palästen. Bei klarer Luft reicht die Sicht sogar bis zu den Albaner Bergen. Leider war es schon 12 Uhr vorbei, denn sonst hätte Pollina den* **Kanonenschuss** *miterlebt. Seit 1904 wird hier jeden Tag genau um diese Uhrzeit ein Kanonenschuss abgefeuert.*

Was für eine herrliche Stadt, dachte sich Pollina, als sie das Panorama betrachtete. Plötzlich tippte ihr jemand auf die Schulter. Pollina drehte sich um und blickte in das grinsende Gesicht ihres Bruders. „Toll nicht!?" Pollino fuhr mit einer Handbewegung über das Bild, das Rom von hier oben bot. „Ich habe dir etwas mitgebracht." Pollino holte einen dicken, gelb-roten Bären hervor, den er hinter seinem Rücken versteckt hielt. Auf dem Bären stand mit großen Buchstaben „Grazie Roma" - „Danke, Rom!" Und darunter, handgeschrieben und etwas kleiner, „Grazie Pollina!" Pollina traten kleine Kullertränchen aus den Augen. „Du bist doch der liebste Bruder, den es auf der ganzen Welt gibt!", sagte Pollina und drückte Pollino einen schmatzenden Kuss auf die Wange.

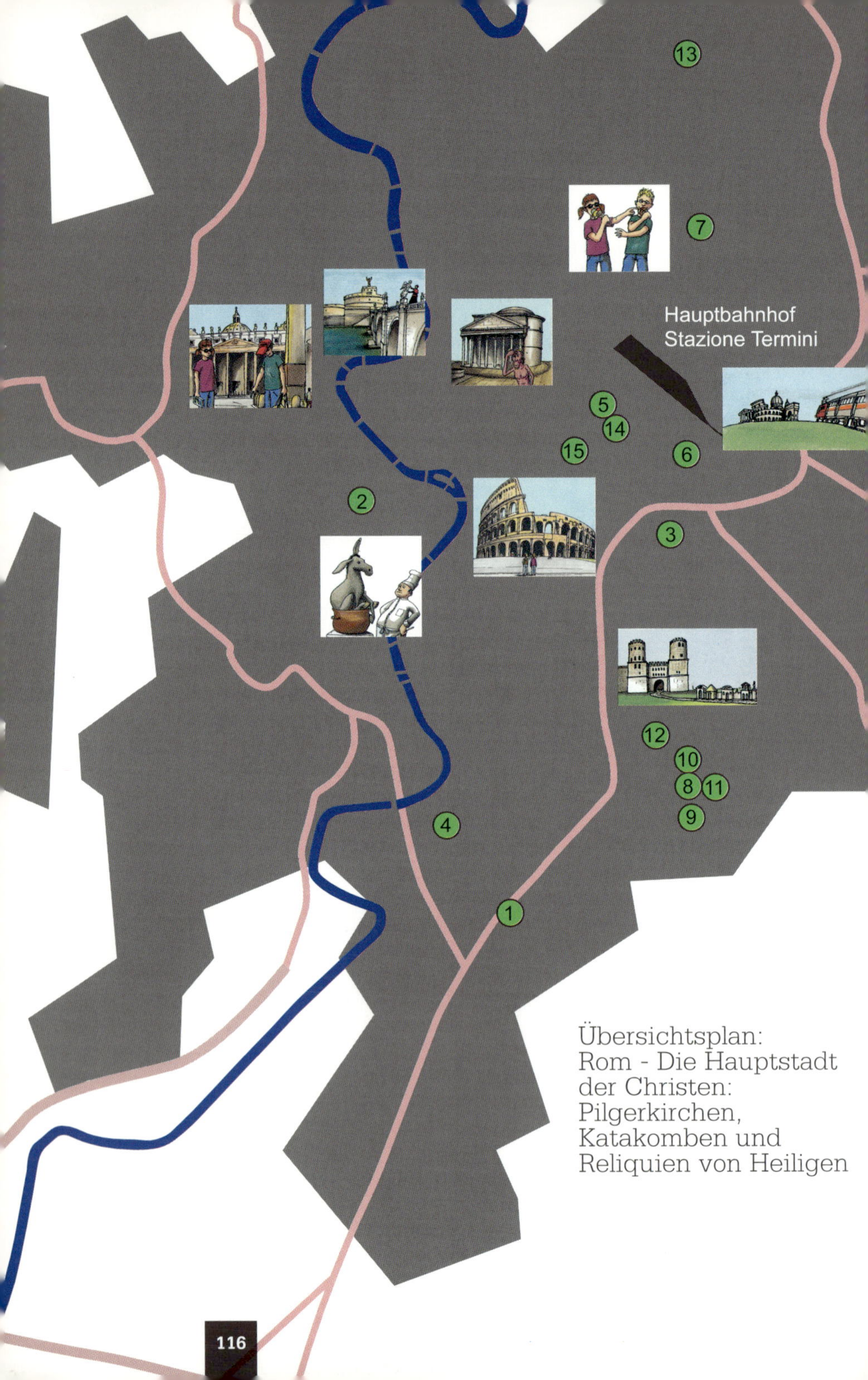
13
7
Hauptbahnhof
Stazione Termini
5
14
15
6
2
3
12
10
8
11
9
4
1
Übersichtsplan:
Rom - Die Hauptstadt
der Christen:
Pilgerkirchen,
Katakomben und
Reliquien von Heiligen

Rom - Die Hauptstadt der Christen

Rom ist die Hauptstadt des Christentums. In der Stadt wohnt und regiert das Oberhaupt der katholischen Kirche, der Papst. Als Nachfolger des Apostel Petrus und damit Stellvertreter Christi auf Erden ist er der oberste Bischof dieser Glaubensgemeinschaft. Mit seinen Kardinälen und Prälaten bestimmt er über die Geschicke der katholischen Kirche in der ganzen Welt.

Die Apostel Petrus und Paulus

Die Apostel Petrus und Paulus sind die Schutzheiligen Roms. Über ihren Aufenthalt in Rom, der Hauptstadt des damaligen Imperium Romanum, ist nur wenig bekannt. Das gilt vor allem für Petrus. Angenommen wird, dass Petrus am selben Tag wie Paulus, am 29. Juni 67, in Rom starb. Deshalb feiern die Römer zu Ehren der beiden Apostel am 29. Juni ein großes Fest.

Paulus trug den jüdischen Namen Saul und war von Beruf Zeltmacher. Wegen seines christlichen Glaubens wurde er in Jerusalem verhaftet. Da Paulus die römischen Bürgerrechte besaß, konnte ihm jedoch nur in Rom der Prozess gemacht werden. Ein Schiff brachte den Gefangenen nach Süditalien. Von dort erreichte er nach einem fünftägigen Fußmarsch im Frühling des Jahres 61 Rom. Man steckte Paulus allerdings nicht ins Gefängnis, sondern in eine Wohnung, wo er in Ketten gelegt und ständig von römischen Soldaten bewacht wurde. Der Apostel durfte trotzdem Besucher empfangen und hat dabei viele Römer, die eine große Anzahl von Göttern verehrten, für das Christentum gewonnen: für den Glauben an Gottvater und seinen zu Mensch gewordenen Sohn.

Nach zwei Jahren Gefangenschaft wurde Paulus wieder freigelassen. Er kehrte in den Orient zurück. Im Jahr 65 kam Paulus jedoch bereits wieder nach Rom und predigte den christlichen Glauben. Dabei soll er auch Verwandte des römischen Kaisers Nero zu Christen bekehrt

Der Apostel Paulus

haben. Das erregte die Wut des Kaisers. Er ließ Paulus, wie so viele andere Christen, zum Tod verurteilen. Paulus wurde in den Mamertinischen Kerker am Forum Romanum, das Staatsgefängnis der Römer, geworfen. In diesem Gefängnis wurde auch der Apostel Petrus gefangen gehalten. Kurz vor ihrer Hinrichtung sollen sich die beiden Apostel noch einmal begegnet sein, und zwar bei der Cestius-Pyramide.

1 Paulus tötete man dort, wo heute das Kloster **Abbazia delle Tre Fontane** steht. Als römischer Bürger wurde er nicht wie Sklaven oder andere Rechtlose gekreuzigt, sondern enthauptet. Eine Legende erzählt, dass der Kopf von Paulus dreimal auf den Boden aufschlug und dabei jedesmal eine neue Wasserquelle entstand. Inzwischen sind diese Quellen versiegt und an ihrer Stelle stehen jetzt drei Klosterkirchen. In einer dieser Kirchen, der Kirche San Paolo alle Tre Fontane, befindet sich die Säule, an die Paulus vor seiner Hinrichtung gefesselt worden sein soll.

San Paolo alle Tre Fontane ist Teil eines Klosters, der Abbazia delle Tre Fontane, zu deutsch: „Die Abtei der drei Quellen".

Begraben hat man Paulus auf einem Friedhof an der Straße Richtung Ostia. Über der Grabstätte ließ der erste christliche Kaiser Roms, Kaiser Konstantin, eine Gedächtniskapelle errichten. Im Jahr 324 wurde hier eine große Kirche gebaut: San Paolo fuori le Mura (Sankt Paul vor den Mauern - s. Pilgerkirchen).

Der Apostel Petrus hieß eigentlich Simon und war von Beruf Fischer. Er hielt sich angeblich weitaus länger in Rom auf als Paulus. Im vierten Jahr der Herrschaft des Kaisers Claudius, also im Jahr 44, soll Petrus aus Jerusalem nach Rom gekommen sein. Die folgenden 25 Jahre hat Petrus, wie man annimmt, die Stadt nicht mehr verlassen. Nachdem auch der Apostel Paulus im Jahr 65 wieder in die Hauptstadt kam, wurde Rom endgültig zum Zentrum der christlichen Religion. Von hier aus verbreitete sich das Christentum über ganz Europa. Die Apostel Petrus und Paulus wurden, wie ihr schon erfahren

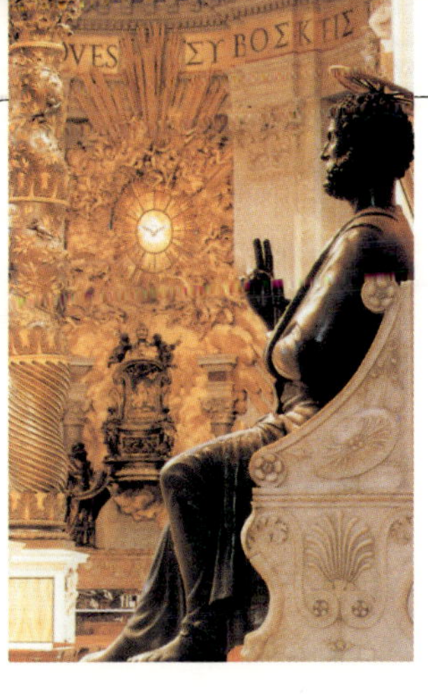

Der Apostel Petrus

habt, von Kaiser Nero im Mamertinischen Kerker gefangen gehalten und zum Tode verurteilt. Die Ketten, mit denen Petrus im Gefängnis gefesselt wurde, befinden sich heute in der Kirche San Pietro in Vincoli.

Während seiner Haft soll Petrus viele andere Gefangene zu Christen getauft haben. Deshalb wurde über dem Kerker später eine Kapelle mit dem Namen San Pietro in Carcere, „Heiliger Petrus im Gefängnis", errichtet. Auch seine zwei römischen Bewacher bekehrte er zu Christen. Die beiden Soldaten haben Petrus nach neun Monaten Gefangenschaft zur Flucht verholfen. Petrus begab sich aus der Stadt hinaus. Auf der Via Appia begegnete Petrus schließlich Jesus Christus. Auf die Frage des Apostels „Herr, wohin gehst du?" (das heißt auf lateinisch „Domine, quo vadis?") erwiderte Jesus: „Nach Rom, um mich ein zweites Mal kreuzigen zu lassen!" Petrus begriff, dass er nicht weglaufen durfte. Er machte kehrt, um sich dem Tod am Kreuz zu stellen. An dem Ort, an dem sich Jesus und Petrus begegnet sind, steht heute die Kirche Domine Quo Vadis. Die Fußabdrücke Christi haben sich bei diesem Treffen in eine Mamorplatte eingegraben. Ihr könnt sie in der Kirche San Sebastiano ad Catacumbas sehen.

Im Gegensatz zu Paulus starb Petrus als Nichtrömer einen langsamen und qualvollen Tod. Am 29. Juni 67 wurde er mit vielen anderen Christen im Stadion des Nero gekreuzigt, an der Stelle, wo sich heute der Petersplatz befindet. Im 2. Jahrhundert errichtete man über seinem Grab eine Betstelle, die später auf Anordnung von Kaiser Konstantin zur Peterskirche ausgebaut wurde.

Es wird aber auch behauptet, Petrus sei auf dem Gianicolo-Hügel gestorben. Die Römer bauten daher im 8. Jahrhundert auch dort eine Kirche, aus der später die

2 Kirche **San Pietro in Montorio** wurde. Im Innenhof des Klosterbaus steht der Tempietto di Bramante, einer der schönsten Renaissance-Bauten (*s. Begriffserklärungen*) in Rom. Er wurde vom Architekten Bramante errichtet und ähnelt mit seinen 16 etruskischen Säulen einem antiken Rundtempel. Die unterirdische Kapelle befindet sich angeblich genau über dem Standort des Kreuzes, an dem Petrus verstarb. Das Loch im Fußboden soll jenes sein, in dem das Kreuz im Boden befestigt war.

Der Architekt Donato Bramante hat den „Tempietto" (das heißt „kleiner Tempel") entworfen. Dieser wurde im Jahr 1502 vollendet.

Eine abenteuerliche Legende besagt, dass im 4. Jahrhundert griechische Diebe die Gebeine von Petrus und Paulus aus den Gräbern stahlen. Dabei wurden sie jedoch ertappt, und sie mussten aus der Stadt fliehen. Auf ihrer Flucht warfen sie die Skelette der Apostel in einen Graben an der Via Appia. Als man die Knochen fand, war nicht mehr zu unterscheiden, welche Knochen zu Petrus und welche zu Paulus gehörten. Da ertönte die Stimme Gottes, der die kleineren Petrus und die größeren Paulus zuordnete. Eine andere Geschichte erzählt, dass der damalige Papst Sylvester I. die Knochen gewogen und in zwei gleich große Hälften geteilt hätte. Die eine Hälfte legte er in die Grabstätte des Paulus in der Kirche San Paolo Fuori le Mura und die andere bekam das Petrusgrab in der alten Peterskirche. Die beiden Schädel wurden in die Lateransbasilika gebracht.

Als Pilger in Rom

Rom wird im Jahr von durchschnittlich etwa [illegible] Millionen Touristen besucht. Viele davon treten ihre Reise als Pilger an. Damit folgen sie einem alten Brauch. Mehrere hundert Millionen von gläubigen Christen sind im Laufe der Jahrtausende nach Rom gepilgert, um mit ihrer Reise oder Wallfahrt um die Vergebung ihrer Sünden zu bitten. Besonders groß ist der Andrang stets in den so genannten „Heiligen Jahren".

Das erste „Heilige Jahr" wurde von Papst Bonifatius VIII. im Jahr 1300 ausgerufen. Um die zwei Millionen Christen pilgerten in jenem Jahr nach Rom. Durch diesen großen Erfolg ermutigt, beschloss der Papst, dass „Heilige Jahre" immer wieder stattfinden sollten. Zunächst wurden „Heilige Jahre" alle 50 Jahre abgehalten, seit 1475 dann alle 25 Jahre. Im Verlauf eines „Heiligen Jahres" sind Kriege und gewalttätige Fehden untersagt. Leider hielten sich die weltlichen Herrscher nur selten an diese von der katholischen Kirche verordnete Regel. Bisher gab es insgesamt 25 „Heilige Jahre".

Seit der Einrichtung des „Heiligen Jahres" im Mittelalter stellt sich bis heute den Römern das gleiche Problem: Wohin mit den vielen Gästen? *Wie war's früher?* Je nachdem, ob arm oder reich, wurden die Pilger, die nach Rom kamen, unterschiedlich behandelt. Die reichen Pilger wohnten mit ihrem Gefolge in Gasthäusern. Die armen Gläubigen, die sich eine Herberge nicht leisten konnten, fanden Unterkunft in den zahlreichen Klöstern der Stadt. Aber der Andrang der Rom-Reisenden nahm von Jahrhundert zu Jahrhundert zu, und die Mönche hatten immer größere Schwierigkeiten, alle Gäste aufzunehmen. Im Jahr 1575 musste beispielsweise das Hospiz Santissima Trinità dei Pellegrini 170.000 Pilgern Unterkunft gewähren. Viele Klöster waren gezwungen, den Aufenthalt und das Essen der beherbergten Pilger stark einzuschränken.

Und heute? Heute haben zahlreiche Herbergen und Hotels die Klöster entlastet. Doch noch immer nehmen Klöster und kirchliche Einrichtungen viele Pilger als Gäste auf. Es gibt sogar ein deutschsprachiges Pilgerbüro, das eine Liste mit über 30 Klöstern, die Rom-Reisende beherbergen, herausgibt.

Die Pflicht der Pilger

Die Pilger in Rom müssen für den Ablass ihrer Sünden bestimmte Pflichten erfüllen. Als Zeichen der Reue will die katholische Kirche, dass sie möglichst viele Pilgerkirchen besuchen, am Gottesdienst und an der Kommunion teilnehmen und die Beichte ablegen. Insgesamt gibt es in Rom sieben Pilgerkirchen. Der Fußmarsch zu allen sieben Pilgerkirchen bedeutet eine Wanderung von circa 26 Kilometern über die Hügel Roms. Heutzutage ist das keine Pilgerpflicht mehr, aber im Mittelalter war der Besuch aller Wallfahrtskirchen streng vorgeschrieben. Auch wie die Pilger die Kirchen besuchten, war sehr wichtig.

Die Päpste setzten in jedem Jahrhundert andere Bedingungen fest. Es gab Zeiten, da mussten die Pilger die Pilgerkirchen 15 mal an 15 verschiedenen Tagen aufsuchen. Oder die 28 Stufen der „Scala Santa", der „Heiligen Treppe" gegenüber der Laterankirche, auf Knien hinaufrutschen. Oder, was meist üblich war, mit einer großen Geldspende um Ablass der Sünden bitten. Zum Glück ist heute die katholische Kirche weniger streng mit ihren Pilgern.

Sicher habt ihr schon von der „Porta Santa", der „Heiligen Pforte", gehört. In jeder der sieben Pilgerkirchen gibt es eine „Porta Santa". Sie ist für die Rom-Pilger von großer Bedeutung. Jeder Christ, der durch die „Heilige Pforte" geht, tritt, so der Glaube, in ein neues, sündenfreies Leben. Normalerweise ist die Pforte geschlossen, sie wird nur in den „Heiligen Jahren" geöffnet. Zu Beginn eines solchen „Heiligen Jahres" öffnet der Papst die „Porta Santa". Am Ende des Jahres wird sie dann wieder geschlossen. Früher wurden die „Heiligen Pforten" zugemauert, heute macht man sich nicht mehr die Mühe und verschließt sie mit mächtigen Türen.

Die „Heilige Pforte" der Peterskirche

Die Geschichte der Pilgerkirchen

Im Jahr 313 bestimmte Kaiser Konstantin im so genannten Mailänder Edikt, dass die christliche Religion im römischen Reich unbestraft ausgeübt werden konnte. Damit hatten die Christenverfolgungen ein Ende. Mit Konstantin war zum ersten Mal ein römischer Kaiser auf ihrer Seite. Nun wurden die Grabkapellen der Stadt, wie z.B. das Grab des Apostel Petrus oder das des Apostel Paulus, erweitert und zahlreiche neue Kirchen errichtet. Aber große Teile der Bevölkerung lehnten die neue Religion noch ab. Um Ärger zu vermeiden, bauten die Christen deshalb ihre Kirchen meist außerhalb der Stadtmauern (oft taucht in den Kirchennamen die Bezeichnung „außerhalb der Mauern" auf) und auch in Abstand zu den alten römischen Heiligtümern auf dem Forum und dem Kapitolshügel.

San Pietro (Sankt Peter, die Peterskirche)
San Pietro, die im Deutschen Peterskirche oder Sankt Peter genannt wird, steht ganz oben auf der Soll-Liste jedes Rom-Pilgers. Alles Wissenswerte über diese Kirche habt ihr bereits im „Vatikan-Kapitel" erfahren.

3 **San Giovanni in Laterano** (Die Lateransbasilika)
Kaiser Konstantin höchstpersönlich soll den Grundstein zu dieser Basilika gelegt haben. Viele Jahrhunderte war sie „das Haupt und die Mutter der Kirchen Roms und des Erdkreises" und die bedeutendste Kirche der Christenheit. Konstantin schenkte den römischen Christen im Jahr 312 das Grundstück, auf dem die Kirche in den Jahren 313 bis 318 gebaut wurde. Papst und Kaiser ließen eine Kirche im Stil der römischen Basiliken (*s. Begriffserklärungen*) errichten.

San Giovanni in Laterano, die Lateransbasilika

Die Lateransbasilika, oder San Giovanni in Laterano, ist die eigentliche und ursprüngliche Bischofskirche Roms. Denn sie ist die Kirche des Papstes, des Bischofs von Rom. Er begibt sich bei seinem Amtsantritt in einem Festzug von der Peterskirche zur Kirche San Giovanni. Damit nimmt er gewissermaßen die Kirche „in Besitz". Der letzte Papst, der im Palast neben dieser Kirche, dem Lateranspalast, wohnte, war Papst Bonifatius III. Nach seiner Gefangennahme durch die Truppen des französischen Königs und seinem Tod im Jahr 1304 gab es bis zum Jahr 1377 nur noch französische Päpste, die ihren Sitz nicht mehr in Rom, sondern im südfranzösischen Avignon hatten. Zwei Brände, einer im Jahr 1308, ein weiterer im Jahr 1361, zerstörten den Papstpalast. Nachdem die Päpste wieder in Rom regierten, wählten sie deshalb den Vatikan zu ihrem neuen Sitz. Im Laufe der Jahrhunderte wurde die Lateransbasilika fünfmal umgebaut und erweitert. Vom ursprünglichen antiken Gesicht ist daher nicht mehr viel erhalten. Im Innern könnt ihr aber noch den Holzaltar sehen, an dem Petrus und die ersten Päpste den Gottesdienst abhielten. Er wird jetzt zum Teil vom goldenen Papstaltar der Kirche umhüllt. Über diesem Altar werden die Schädel der Apostel Petrus und Paulus aufbewahrt.

Ihr solltet unbedingt noch den mittelalterlichen Kreuzgang sowie die Taufkapelle (eine entsprechende Bezeichnung für „Taufkapelle" ist „Baptisterium") der Kirche besuchen. Mit dem Bau der achteckigen Taufkapelle wurde bereits unter Kaiser Konstantin begonnen. Angeblich wurde der Kaiser selbst im Jahr 337 hier getauft.

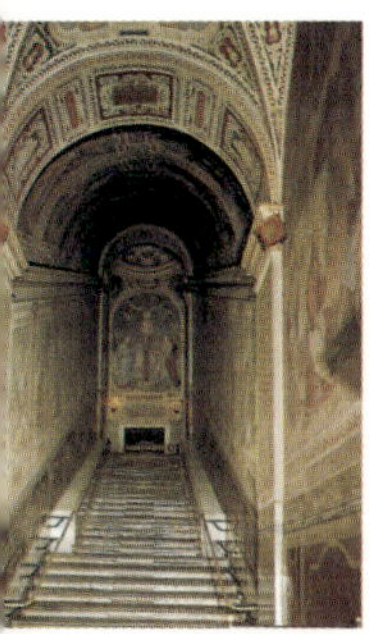

Die berühmte Scala Santa, die „Heilige Treppe", befindet sich gegenüber dem Osteingang der Lateransbasilika. Sie führt zur alten Privatkapelle der Päpste, der „Cappella Sancta Sanctorum" (der „Heiligen Kapelle der Heiligen"). Sowohl die Treppe als auch die Kapelle konnten vor dem Feuer, das den alten Papstpalast zerstörte, gerettet werden. Der Legende nach stammt die „Heilige Treppe" aus dem Gerichtsgebäude in Jerusalem. Über ihre 28 Marmorstufen soll Christus zum Palast des Pilatus hinaufgestiegen sein. Besonders gläubige Katholiken rutschen die „Heilige Treppe" auf Knien nach oben. Es gibt aber auch die Möglichkeit, seitlich hinaufzusteigen. Oben angekommen, kann man einen Blick in die Sancta Sanctorum, die ehemaligen Hauskapelle der Päpste, werfen. Sie ist mit herrlichen Fresken aus dem 13. Jahrhundert ausgeschmückt. „Es gibt keinen heiligeren Ort in der ganzen Welt" lautet eine Inschrift in der Kapelle. Auf dem Altar steht ein Bild Christi, das angeblich „nicht von Menschenhand, sondern von Engeln" gemalt wurde.

Oben: Der Kreuzgang der Lateransbasilika
Links: Die Heilige Treppe
Unten: Sankt Paul vor den Mauern

San Paolo fuori le Mura

(Sankt Paul vor den Mauern)
Diese Basilika war bis zum Neubau der Peterskirche die größte Kirche Roms. Leider wurde sie durch einen Brand im Jahr 1823 schwer beschädigt. Übrig blieben nur Reste der alten „Heiligen Pforte" und Teile der Innenkirche. An den Wänden von San Paolo sind die Porträts aller Päpste von Petrus bis zum heutigen Papst Johannes Paul II. zu sehen.

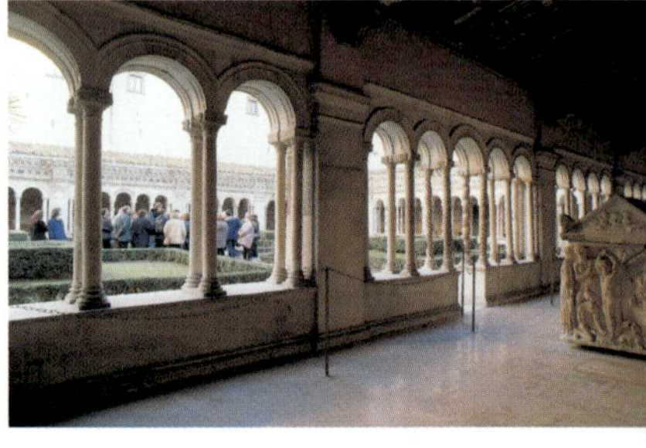

Die Kirche besitzt einen der schönsten mittelalterlichen Kreuzgänge Italiens (*s. Begriffserklärungen*). Die Bauweise ist faszinierend: Ein quadratischer Gang mit vielen Säulen und Bögen, der sich zum Innenhof des Klosters hin öffnet. In den alten Gemäuern und der Ruhe des Ortes fühlt man sich beinahe wie ein mittelalterlicher Besucher.

5 **Santa Maria Maggiore** (Maggiore = die größere)
Eine Legende erzählt, dass diese Kirche an der Stelle erbaut wurde, an der sich das römische „Schneewunder" ereignete. Am 5. August 356, mitten im Sommer, ließ es, so die Überlieferung, die Gottesmutter Maria auf dem Hügel des Esquilin schneien. Dieses Ereignis wird jedes Jahr von den Einwohnern am 5. August gefeiert. Ein Mosaik in der Kirche gibt dieses „Schneewunder" bildlich wieder. Sicher ist, dass Papst Sixtus III. die Kirche im Jahr 432 erbauen ließ. Viele Römer behaupten, Santa Maria Maggiore sei die schönste Kirche Roms. Auch sie hat die Form einer antiken Basilika. Da Santa Maria kaum umgebaut wurde, könnt ihr den Charakter der frühchristlichen Kirchen noch sehr gut nachempfinden. Santa Maria Maggiore ist angeblich die einzige Kirche in Rom, in der seit über 1.500 Jahren ohne Unterbrechung täglich ein Gottesdienst stattfindet. Der Glockenturm von Santa Maria Maggiore ist mit 75 Metern der höchste in ganz Rom. Wer eine einmalige Krippe sehen möchte, der ist in Santa Maria Maggiore genau richtig. Krippen spielen in dieser Kirche eine besonders wichtige Rolle. Die Krippe dieser

Oben rechts: Der Kreuzgang von Sankt Paul vor den Mauern
Rechts: Santa Maria Maggiore

Kirche ist die älteste Weihnachtskrippe in Rom. Sie wurde im Jahr 1290 von dem bekannten Künstler Arnolfo di Cambio gestaltet. Die Krippenteile in der „Reliquien-Kapelle" von Santa Maria Maggiore stammen, so wird angenommen, von jener Krippe, in die das Jesuskind gebettet wurde.

6 Santa Croce in Gerusalemme

(Heiliges Kreuz in Jerusalem)

Diese Kirche wurde von Kaiser Konstantin im Jahr 320 für seine Mutter, die heilige Helena, errichtet. Sie sollte als Aufbewahrungsort für Teile des Heiligen Kreuzes Christi dienen. Helena hatte Holzsplitter vom Kreuz, an dem Christi starb, in Jerusalem gefunden und nach Rom gebracht. Sehenswert ist auch der Glockenturm von Santa Croce in Gerusalemme.

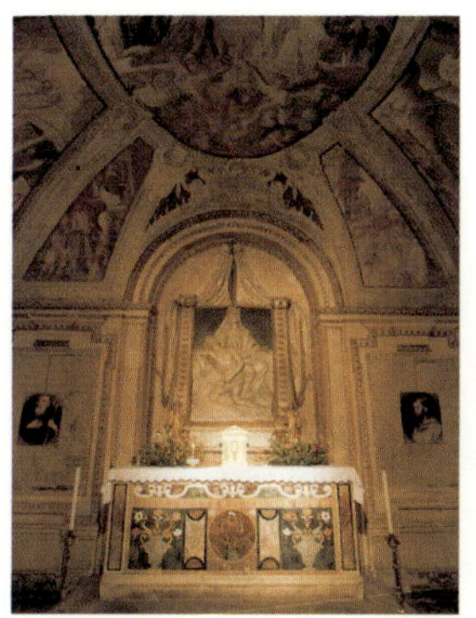

7 San Lorenzo fuori le Mura

(Heiliger Lorenz vor den Mauern)

San Lorenzo besteht aus zwei Kirchen. Sie ist zusammengesetzt aus der ursprünglichen Kirche San Lorenzo und einer benachbarten Marienkirche. Im Jahr 330 war es wiederum Kaiser Konstantin, der hier über dem Grab des heiligen Laurentius ein Heiligtum errichten ließ. Laurentius starb im Jahr 258 den Märtyrer-Tod, indem man ihn auf einem glühenden Rost zu Tode quälte. Angeblich war der heilige Laurentius noch so heldenhaft, dass er zu seinen Peinigern sagte: „Auf der Seite bin ich schon durch, dreht mich jetzt um, dann bin ich fertig gebraten". Seine Grabstätte haben die Römer später zur Kirche San Lorenzo ausgebaut.

Oben: Die Apsis von Santa Croce
Unten: San Lorenzo fuori le Mura

Im Innern von San Lorenzo befinden sich Mosaiken aus dem 6. Jahrhundert. Ansehen solltet ihr unbedingt den steinernen Baldachin aus dem 11. Jahrhundert. Er ist der älteste mittelalterliche Baldachin Roms. Die Kirche ist auch die Grabstätte von Papst Pius IX., einem ganz besonderen Papst. Pius (das heißt „der Fromme") war im Jahr 1870

absolut nicht mit der Vereinigung Roms mit dem italienischen Königreich einverstanden. Aus Protest ließ er sich einsperren und setzte acht Jahre lang keinen Schritt vor die Tür des Vatikanspalastes.

San Sebastiano ad Catacumbas
(Heiliger Sebastiano bei den Katakomben)
Diese Kirche wurde im 4. Jahrhundert an der Stelle errichtet, an der man den heiligen Sebastian und vorübergehend die Apostel Petrus und Paulus begrub. Sebastian war ein angesehener Heeresführer unter den gemeinsam regierenden Kaisern Diokletian und Maximianus. Als er sich zum Christentum bekehrte, sorgte das in Rom für großes Aufsehen. Die Kaiser wollten vermeiden, dass weitere Soldaten zu Christen wurden und verurteilten Sebastian zum Tod. Der heilige Sebastian wurde mit Pfeilen durchbohrt, dass er am Ende „nicht wie ein Mensch, sondern wie ein Igel aussah". Aber der arme Sebastian blieb immer noch am Leben und wurde schließlich zu Tode geprügelt. Vor seinem grausamen Ende teilte Sebastian seinen christlichen Freunden mit, dass er in der Nähe des Grabes der Apostel Petrus und Paulus beerdigt werden wollte.

Die Katakomben

Oben: Eine Darstellung des Todes des heiligen Sebastian, der von unzähligen Pfeilen durchbohrt wurde. Unten: Eine griechische Inschrift in den Sebastians-Katakomben.

Die Bürger des antiken Rom begruben ihre Toten außerhalb der Stadtmauern. Die reichen Römer bauten für sich und ihre Angehörigen große Mausoleen und Grabmonumente. Der ärmere Teil der Bevölkerung wurde in unterirdischen Massengräbern, den so genannten Katakomben, begraben. Man legte die Urnen der Toten in Nischen. Es entstand ein wirres Geäst unterirdischer Gänge, die man neben- und übereinander in die Erde grub und oft miteinander verband. Über 60 Katakomben soll es im antiken Rom gegeben haben. Fast die gesamte Stadt ist von einem 700 km langen Geflecht von Gängen und Tunnels unterhöhlt, wobei der größte Teil davon bis heute unerforscht geblieben ist.

Auch die Christen legten ihre Toten in die Katakomben. Bis zum 3. Jahrhundert wurden Christen und Nichtchristen gemeinsam begraben. Doch während die Römer ihre verstorbenen Angehörigen verbrennen ließen, wollten die Christen ihre Toten unverbrannt bestatten. Für sie waren die Katakomben Orte des Wartens auf die Auferstehung. Deshalb statteten die Christen die Gräber bedeutender Mitglieder ihrer Gemeinde mit steinernen Sitzbänken und Wandmalereien aus. Am Todestag versammelten sie sich am Grab des Verstorbenen und hielten einen Gottesdienst.

Viele Christen kauften sich Gräber, indem sie in die „Begräbniskasse" ihrer Gemeinde einzahlten. Kaufverträge sicherten die begehrten Plätze neben Märtyrern und Heiligen. Mit der Zeit entwickelten sich die Katakomben für die christliche Kirche zu einer wichtigen Einnahmequelle. Es entstanden sogar richtige „Beerdigungsunternehmen", die die Gräber bis zu fünf Stockwerke tief in die Erde gruben. Die letzten unterirdischen Begräbnisse fanden im Jahr 409 statt, danach legten die Christen ihre Verstorbenen in überirdische Gräber. Die Grabstätten in den Katakomben verfielen mit der Zeit oder wurden von Räubern geplündert. Auf einigen Katakomben wurden Kapellen oder Kirchen errichtet, in denen die hier begrabenen Märtyrer verehrt werden.

Die größten Katakomben Roms befinden sich entlang der **Via Appia Antica** (die „alte" Via Appia, heute gibt's auch eine „neue"). Diese Straße war eine der ersten und wichtigsten Fernstraßen des römischen Reiches. Sie war insgesamt 584 Kilometer lang und führte in einer nahezu geraden Linie von Rom nach Brindisi, das an der Adria-Küste liegt. Vom Hafen Brindisis starteten die römischen Schiffe nach Griechenland und in den Orient. Traurige Berühmtheit erlangte die Via Appia, als der römische Feldherr Crassus einen großen Sklavenaufstand niederschlug. Nach seinem Sieg über den Sklavenführer Spartakus wurden entlang der Straße 6.000 Sklaven gekreuzigt. Alle 200 Meter ließ Crassus ein Kreuz von der Stadt Capua bis nach Rom aufstellen, als weithin sichtbare Warnung für aufständische Sklaven.

9 Zu beiden Seiten der Via Appia Antica kann man außerhalb der Stadtmauern Gräber und Gedenksteine erkennen. Das bekannteste antike Grabmal ist das **Grabmal der Cecilia Metella**. Das Denkmal in Form eines Zylinders hat einen Durchmesser von 20 Metern und ist circa 11 Meter hoch. Es wurde für eine der vornehmsten Damen Roms errichtet, der Gattin eben jenes Feldherrn Crassus, den man aufgrund seines Erfolges über Spartakus zum Konsul wählte.

10 Die **Calixtus-Katakomben** sind die ersten Katakomben, denen ihr auf der Via Appia Antica Richtung Süden begegnet. Warme Kleidung und eine Taschenlampe können euch bei einem Besuch in den dunklen Grabkammern sehr nützlich sein. Keinesfalls dürft ihr allein in die Katakomben hinabsteigen, denn die Gefahr, sich in diesem endlosen Gewirr von unterirdischen Gängen zu verlaufen, ist sehr groß. Es ist sinnvoller, wenn ihr eine offizielle Führung mitmacht, die mehrmals am Tag angeboten wird. Von den orts- und geschichtskundigen Führern erfahrt ihr eine Menge über diese faszinierenden Grabstätten.

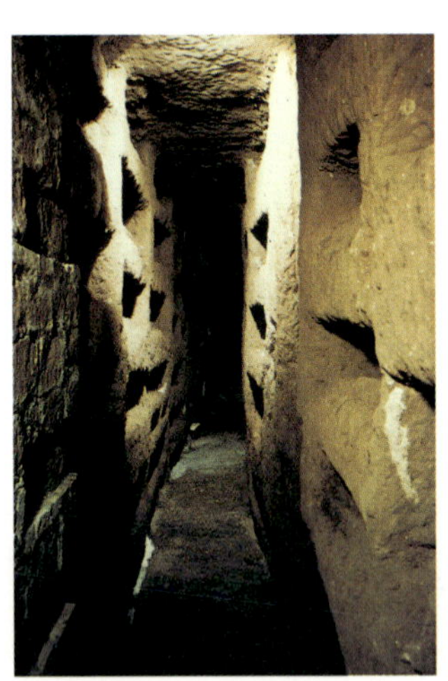

Die Calixtus-Katakomben sind die älteste offizielle Begräbnisstätte der Christen in Rom. Calixtus war ihr Vorsteher. Im Jahr 217 wurde Calixtus zum Papst gewählt. Nach Calixtus wurden auch Kirchenväter in diesen Katakomben begraben. In der „Krypta der Päpste" sind vor allem Päpste des 3. und 4. Jahrhunderts beigesetzt. Auf einigen der Gräber

Oben: Das antike Grabmal der Cecilia Metella
Mitte: Gänge in den Calixtus-Katakomben
Unten: Die „Krypta der Päpste" in den Calixtus-Katakomben

kann man noch die Namen der Bestatteten lesen. Man schätzt, dass sich in den Calixtus-Katakomben ca. 170.000 Gräber befinden.

500 Meter nach den Calixtus-Katakomben erreicht ihr die Kirche San Sebastiano ad Catacumbas. Hier befindet sich der Eingang zu den
11 **Sebastianskatakomben** und zur Krypta, der unterirdischen Grabstätte des heiligen Sebastian. Die Katakomben sind auf vier Stockwerke verteilt und bis zu 13 Meter tief in den Boden gegraben. Ihre Grabkammern gehören zu den besterhaltensten in Rom. Sie reichen bis in das 1. Jahrhundert v.Chr. zurück. Einige von ihnen sind mit schönen Freskenmalereien und christlichen Symbolen ausgeschmückt. Man erkennt den *Fisch*, dessen griechische Bezeichnung „Ichthys" die Anfangsbuchstaben für die griechischen Worte von „Jesus Christus, Gottes Sohn, Erlöser" sind; das *Lamm*, das für den Opfertod von Jesus steht; den *Anker* als Zeichen der Rettung christlicher Seelen; und die *Taube* als Symbol des Friedens.

Oben: Die Sebastians-Katakomben. Hier entstanden Mausoleen unter der Erde, die auch die Christen benutzten.
Mitte: Die Wände der Katakomben waren oft mit Malereien geschmückt.
Unten: Die verschiedenen Symbole (Zeichen) für Jesus Christus.

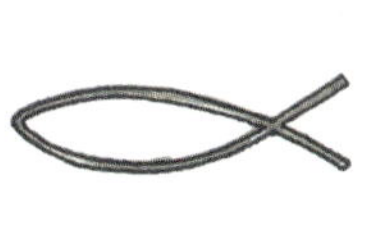

Wer noch weitere Katakomben besuchen möchte: Der Ein-
12 gang zu den **Domitilla-Katakomben** befindet sich an der Via delle Sette Chiese, nicht weit von den Sebastians-

13 katakomben. Die **Priscilla-Katakomben** liegen dagegen sehr weit entfernt im Park der Villa Ada im Norden Roms.

Die Reliquien

(Überreste und Gegenstände von Heiligen)

Nach dem Bau der ersten großen Kirchen im 4. Jahrhundert reisten immer mehr Gläubige und Pilger nach Rom. Die Gäste kamen damals schon aus allen Teilen des römischen Reiches und brachten als Geschenke und Zeichen ihres Glaubens zahlreiche Reliquien mit. Hauptsächlich Überreste von verstorbenen Heiligen (*s. Begriffserklärungen*) oder Gegenstände, mit denen die Heiligen Kontakt hatten, haben sie den Kirchen vermacht. Besonders begehrt und kostbar waren natürlich Gegenstände aus Palästina, die mit Christus, der Gottesmutter oder den Aposteln in Verbindung gebracht werden konnten. Fast jede Kirche in Rom sollte als besonderen Schatz eine dieser Reliquien bekommen. Nicht immer ist jedoch sicher, ob das Aufbewahrte auch tatsächlich echt ist. Denn schlaue Händler nutzten die große Nachfrage der Kirchen, um mit gefälschten Reliquien Geld zu verdienen.

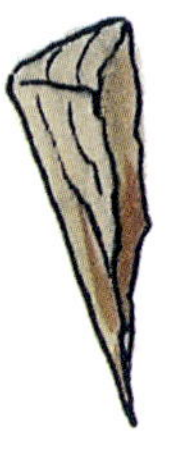

Die bedeutendsten Reliquien Roms sind bezeichnenderweise auch in den schönsten und prächtigsten Kirchen der Stadt zu finden. In der **Peterskirche** werden die Reliquien in den vier riesigen Pfeilern, die die Kuppel stützen, aufbewahrt. Darin befinden sich: der größte *Splitter* vom Kreuz, an dem Christus starb; das *Tuch*, mit dem eine Frau das blutige Gesicht von Jesus vor seiner Kreuzigung abwischte (auch als „Schweißtuch der Veronika“ bekannt); die *Spitze* jener Lanze, mit der Soldaten Christus am Kreuz durchbohrten; und der Totenschädel des heiligen Andreas.

Einer der *Nägel*, mit denen Jesus ans Kreuz genagelt wurde, befindet sich in der Reliquienkapelle von **Santa Croce in Gerusalemme**. Angeblich wurde er von der heiligen Helena in Jerusalem gefunden und nach Rom gebracht. Die gläubige Christin, die erste einer römischen Kaiserfamilie, vermachte der Kirche auch drei *Splitter* vom Kreuz Christi, drei *Dornen* aus seiner Krone und *heilige Erde* vom Kalvarienberg.

Außerdem werden in Santa Croce Teile der *Holztafel* gezeigt, die Pilatus am Kreuz anbringen ließ. Darauf stand geschrieben: „Jesus Nazarenus Rex Judaeum" („Jesus von Nazareth, König der Juden").

Die Reliquienkapelle von **San Sebastiano ad Catacumbas** ist dem heiligen Sebastian gewidmet. Darin werden Teile der Marmorsäule, an die man Sebastian fesselte, und einer der Pfeile, von denen er durchbohrt wurde, aufbewahrt.

In der Basilika **Santa Maria Maggiore** findet ihr, wie schon erwähnt, eine der anrührendsten Reliquien, Teile der Krippe, in die das Jesuskind von seiner Mutter Maria im Stall von Bethlehem gelegt wurde. Auch Steine und Stroh aus dem Stall werden hier aufbewahrt.

14 Die Kirche **Santa Prassede** besitzt ebenfalls eine bedeutende Reliquie. Die „Geißelsäule Christi" wurde im Jahr 1233 aus Jerusalem hierher gebracht. An dieser Säule soll Jesus gepeitscht worden sein. Aber Santa Prassede ist nicht nur wegen dieser Reliquie sehenswert. Das Innere

Unten: Der Innenraum von Santa Prassede

der Kirche ist mit herrlichen Kunstwerken ausgestattet. Besonders die Kapelle von San Zenone ist ein einziges Schmuckstück. Sie wird nicht umsonst auch „Paradiesgarten“ genannt. Der ganze Raum ist mit wunderbaren Mosaiken überzogen. Die farbigen, auf goldenem Grund angefertigten Mosaiken stammen aus dem 9. Jahrhundert.

15 Die Kirche **San Pietro in Vincoli** beherbergt zwei auf der Welt einzigartige „Schätze“. Zum einen die Ketten, mit denen Petrus im Gefängnis von Jerusalem und im Mamertinischen Kerker in Rom festgehalten wurde. Die Kette aus Jerusalem wurden Papst Leo dem Großen im 5. Jahrhundert als besonders kostbares Geschenk überbracht. Der Papst war bereits im Besitz der Ketten aus dem Mamertinischen Kerker und freute sich sehr über diese zweite Kette. Als er die Ketten einander näherte, vereinigten sie sich auf wundersame Weise zu einer einzigen Kette. Am 1. August jedes Jahres könnt ihr die „Wunderkette“ sehen, dann wird sie aus ihrem Gehäuse herausgeholt und der Öffentlichkeit gezeigt.

Der zweite „Schatz“ der Kirche ist die Moses-Statue von Michelangelo. Sie ist eine der faszinierendsten Figuren, die der große Künstler geschaffen hat.
Lange Zeit glaubte man, Moses wäre mit zornigem Gesichtsausdruck dargestellt. Zornig deshalb, weil er sein Volk beim Tanz um das „Goldene Kalb“ beobachtete. Heute nimmt man an, dass Michelangelo den Propheten in jenem Augenblick zeigt, in dem er Gott zum zweiten Mal begegnet. Moses hat soeben von Gott erfahren, dass er das „Gelobte Land“, also das spätere Israel, nicht zu sehen bekommen werde. Der Schreck ist deutlich von seinem Gesicht abzulesen. Nach der Fertigstellung der Statue war Michelangelo überzeugt, eine lebende Figur vor sich zu haben. „Sprich doch!“, rief er seinem „Moses“ zu. Als die Antwort ausblieb, schlug der Künstler wütend mit dem Meißel auf das Knie der marmornen Statue. Der „Moses“ ist die wichtigste Statue des Grabmals von Papst Julius II. Sie sollte eigentlich die erste von insgesamt 40 Statuen sein. Doch Michelangelo fertigte außer dem „Moses“ nur noch zwei weitere Figuren für das Grabmal an, die der „Rachel“ und die der „Lea“.

Die Liste sehenswerter Kirchen in Rom könnte man bis ins Unendliche verlängern. In einem Führer, den die Stadtverwaltung zu ihren wichtigsten Kirchen herausgebracht hat, stehen Beschreibungen und Informationen zu immerhin 240 (!) Kirchen. Keine andere Stadt in der ganzen Welt hat so viele Gotteshäuser wie Rom. Hier befinden sich fast 600 Kirchen, davon allein 500 Kuppelkirchen, also größere Kirchen. „In Rom gibt es mehr Kirchen als Tage im Jahr", sagt nicht zu Unrecht ein bekanntes römisches Sprichwort.

Der Moses von Michelangelo

Übersichtsplan: Brunnen, „Sprechende Statuen" und Geheimnisse der „ewigen Stadt"

Brunnen

„Sprechende Statuen" und Geheimnisse

Rom - Die Stadt der tausend Wunder

Wasserspiele, „Sprechende Statuen“ und andere Geheimnisse

Wasserspiele

Wasser besaß in der Antike eine heilige Bedeutung. Die Römer glaubten, im Wasser würden viele mächtige Götter leben. Der Tiber wurde, wie ihr wisst, als „Gott Tiber“ verehrt. Um das Wasser „zu feiern“ und die Bevölkerung Roms mit dem nötigen Trinkwasser zu versorgen, wurden in Rom zahlreiche Brunnen gebaut. Zu Zeiten des Kaisers Konstantin soll es über Tausend Brunnen in der Stadt gegeben haben. Sie waren künstliche Quellen, aus denen das Wasser gleichsam „wie durch ein Wunder“ unaufhörlich sprudelte.

Das Wasser wurde auf oberirdischen Wasserleitungen, den so genannten Aquädukten, zur Stadt geleitet, wo es dann von Verteilerhäuschen aus über unterirdische Kanäle zu den Brunnen, Thermen oder den Privathäusern der Reichen transportiert wurde. Bis zu 91 Kilometer legte das Wasser zurück, bevor es aus den umliegenden Bergen nach Rom gelangte. Im 1. Jahrhundert gab es 11 Aquädukte. Sie waren wie die Straßen-Brücken aus Stein gebaut und bis zu 48 Meter hoch. Ein genau berechnetes Gefälle sorgte dafür, dass die Fließgeschwindigkeit des Wassers immer konstant blieb. Das Wasser konnte auf diese Weise auch auf die besiedelten Hügel der Stadt gelangen. Unter Kaiser Konstantin gab es im 4. Jahrhundert sogar ein eigenes Amt, das sich ausschließlich um die Verwaltung des Wassers kümmerte. Das war auch notwendig, denn mit dem Wasser wurden 11 riesige Thermen, 856 einfache Badeanstalten, 15 große Brunnen, zwei Riesenbecken für Schiffschaukämpfe, 3 künstliche Seen, 254 öffentliche Toiletten und 1.300 Trinkbrunnen versorgt.

Die römischen Brunnen sind phantasievoll geschmückt

Leider ließen im Mittelalter die Einwohner Roms die Aquädukte verrotten. Erst im 16. und 17. Jahrhundert entdeckten die Päpste den Nutzen der Wasserstraßen wieder und kümmerten sich darum, die antiken Leitungen zu reparieren. Die wohlhabenden Bürger der Stadt konnten in ihren Wohnungen wieder über fließendes Wasser verfügen. Als Gegenleistung verlangten die Päpste, dass an den Außenwänden der Privatpaläste Brunnen als „Tränke für die Öffentlichkeit" gebaut wurden. Die meisten Brunnen, die heute zu bewundern sind und die Rom zur „Brunnen-Stadt" gemacht haben, stammen aus eben dieser Zeit. In Rom gibt es heute etwa 3.250 Brunnen, davon sind 2.000 Trinkbrunnen. Zwei der berühmtesten Brunnen habt ihr bereits kennengelernt: den **Vier-Ströme-Brunnen** auf der Piazza Navona und den **Boot-Brunnen** auf der Piazza di Spagna. Aber es gibt noch viele weitere dieser amüsanten Wasserspiele aus Stein zu bewundern - und jeder Brunnen erzählt seine eigene Geschichte.

8 **Die Fontana di Trevi** (Der Trevi-Brunnen)
Beginnen solltet ihr eure Brunnen-Tour mit dem Trevi-Brunnen an der Piazza di Trevi. Er ist der größte und berühmteste Brunnen in Rom. Wer kennt sie nicht, die

Geschichte mit den Münzen, die in den Brunnen geworfen werden, damit der „Werfer" garantiert wieder nach Rom zurückkommt? Die genaue Anweisung schreibt vor, dass ihr dabei „mit dem Rücken zum Brunnen stehen und das Geldstück mit der rechten Hand über die linke Schulter ins Wasser werfen sollt". Auf keinen Fall dürft ihr nachschauen, wohin die Münze geflogen ist. Diese Sitte des Geldwerfens ist übrigens uralt. Schon in der Antike warfen die Römer Münzen in bestimmte Brunnen, um den Gott Jupiter gnädig zu stimmen. Die Christen übernahmen den Brauch und warfen ihr Geld auf das Petrusgrab. Heute werden in Rom Münzen nur noch in den Trevi-Brunnen geworfen. Schlauberger, die mit einem Sprung in den Brunnen die Geldstücke herausholen wollen, müssen übrigens eine hohe Geldstrafe zahlen. Die Stadtgemeinde von Rom hat bestimmt, dass die Münzen dem Roten Kreuz gespendet werden sollen. Immerhin sind das jährlich einige Hunderttausend DM!

Die Fontana di Trevi wurde im 18. Jahrhundert von Francesco Salvi errichtet. An seinem Entwurf arbeitete bereits 90 Jahre vorher im Auftrag des Papstes der euch bereits gut bekannte Baumeister Gian Lorenzo Bernini. Um den Bau des Trevi-Brunnens finanzieren zu können, erließ der Papst zum Ärger vieler Römer extra eine Weinsteuer. Die Statue, die über den Felsen des Trevi-Brunnens erscheint, stellt den Meeresgott Neptun, den Herrn des Wassers, dar. Er steht in einem Muschelwagen, der von zwei Pferden gezogen wird. Ein Pferd verhält sich ruhig, wie das Wasser bei Windstille. Das andere schlägt wild um sich, wie das Meer bei Sturm. Zwei weitere Meeresgötter, die halb Mensch, halb Fisch sind, so genannte Tritonen, ziehen an den Pferden. Aus den seitlichen Nischen gucken zwei Statuen dem Geschehen zu. Sie versinnbildlichen den Überfluss und den Reichtum des Wassers.

Der Trevi-Brunnen. „Brunnen" heißt auf italienisch „fontana".

Zum Trevi-Brunnen gibt es noch eine witzige Geschichte zu erzählen. Wenn ihr genau hinguckt, könnt ihr auf der rechten Seite eine große Vase erkennen. Die Römer

behaupten, dass Baumeister Francesco Salvi die Vase deshalb da hingestellt hätte, damit ein Friseur vis-a-vis ihm nicht bei der Arbeit zusehen konnte. Salvi war es leid, das ständige Meckern und Kritisieren des Friseurs an seinem Brunnen anhören zu müssen. Ob ihr die Geschichte nun glaubt oder nicht, in der Nähe des Trevi-Brunnens befindet sich zwar kein Friseur-Laden mehr, aber es gibt Geschäfte, von denen aus der Brunnen nur schwer zu sehen ist - wegen einer Vase, die die Sicht erheblich behindert!

Der Bienen-Brunnen und der Tritonen-Brunnen

Unter den Päpsten gab es einen großen Liebhaber von Brunnen, Papst Urban VIII. Auf der Piazza Barberini befinden sich gleich zwei sehr schöne Brunnen, die von ihm in Auftrag gegeben wurden: der **Bienen-Brunnen** (Fontana delle Api) und der **Tritonen-Brunnen** (Fontana del Tritone). Beide Brunnen wurden in den Jahren 1643-44 von Gian Lorenzo Bernini gestaltet. Papst Urban VIII. war das Oberhaupt der sehr wohlhabenden und mächtigen Fürstenfamilie Barberini. Das Wappen dieser Familie schmückten drei Bienen. Deshalb sind auf einigen Brunnen der Stadt Bienen abgebildet. Am Bienen-Brunnen findet ihr sie am Rand des Wasserbeckens. Auf dem Tritonen-Brunnen halten vier Delphine eine große Schale. Aus der Schale entsteigt der Meeresgott Triton, der so kräftig in eine Muschel bläst, dass ein Wasserstrahl herauskommt.

13

14

Oben: Der Bienenbrunnen
Rechts: Der Tritonenbrunnen.
Der „Triton" war in der Antike ein Meeresgott im Gefolge Neptuns

10 Der Schildkröten-Brunnen

(Fontana delle Tartarughe)
Neben Bienen stehen auch andere Tiere im Mittelpunkt von römischen Brunnen. Den Schildkröten zum Beispiel wurde ein sehr schöner Brunnen auf der Piazza Mattei gewidmet. Ihr Brunnen heißt folglich auch Schildkröten-Brunnen. Er wurde von dem Architekten Giacomo Della Porta in den Jahren 1581 bis 1584 gebaut. Zunächst waren an dem Brunnen nur die bronzenen Jünglinge angebracht. Die Schildkröten hat Bernini höchstpersönlich später hinzugefügt. Irgendwie hat man beim Anblick des Brunnens den Eindruck, als würden die Jünglinge die Schildkröten zum Trinken an die obere Schale des Brunnens schieben. Oder, wie Römer makaber behaupten, sie schubsen die Tiere in den Brunnen, um sie wieder loszuwerden. Übrigens sind die bronzenen Schildkröten schon des öfteren gestohlen worden, zuletzt vor etwa 20 Jahren. Wohl deshalb hat man sich dazu entschlossen, die Original-Schildkröten des Brunnens in den Kapitolinischen Museen aufzubewahren.

Oben:
Der Schildkrötenbrunnen
Links:
Der Krötenbrunnen

Es gibt auch eine „moderne Ausgabe“ des Schildkröten-Brunnens, die auf der Piazza Mincio steht.
Der **Kröten-Brunnen** (Fontana 

delle Rane) ist zwar nicht so bedeutend wie sein Vorbild, aber mit seinen dicken Kröten lustig anzusehen.

Die Brunnen des Meisters Giacomo Della Porta

Wie Gian Lorenzo Bernini schuf auch Giacomo Della Porta, der Baumeister des Schildkrötenbrunnens, eine ganze Reihe sehr schöner barocker Brunnen. Von ihm stammen

unter anderem der große **Brunnen mit Obelisk** auf der

Piazza Rotonda vor dem Pantheon und der **Putto-Brunnen** auf der Piazza d'Aracoeli. Der Putto-Brunnen ist

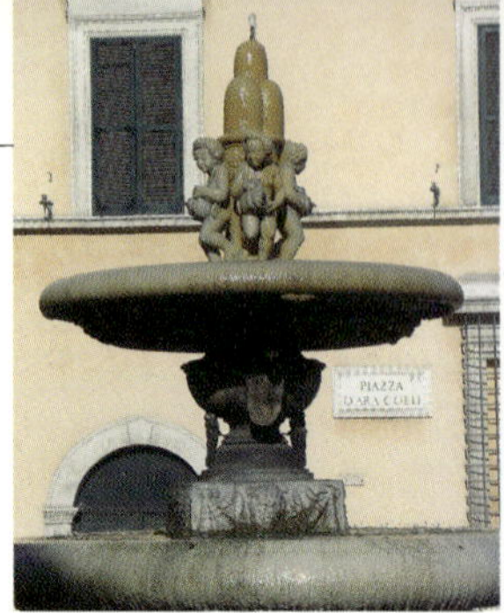

besonders hübsch. Engelchen („Engel“ heißt auf italienisch „Putto“) blicken vergnügt dem Wasserspiel im oberen Brunnenbecken zu.

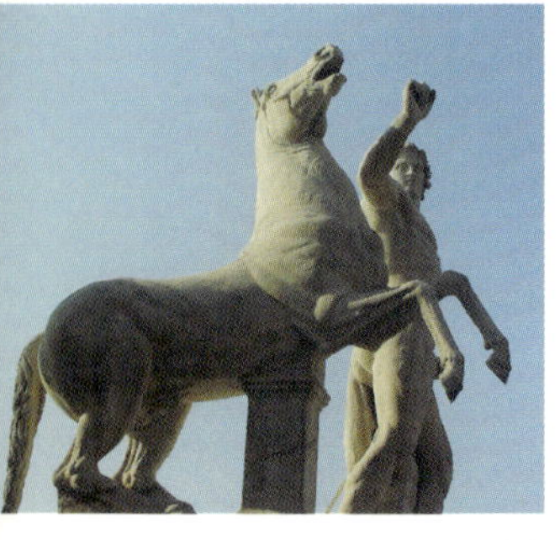

Vor dem Palazzo del Quirinale befindet sich ein weiteres
Werk von Giacomo Della Porta, der **Dioskuren-** 
Brunnen (Fontana di Monte Cavallo). Die Statuen stellen die beiden Halbgötter Castor und Pollux dar, die ihr bereits aus der Geschichte über das Kapitol kennt. Papst Sixtus V. ließ die über 5 Meter großen antiken Statuen von ihrem ursprünglichen Standort vor den Konstantinsthermen hierher bringen. Auch der 14 Meter hohe Obelisk stand früher nicht auf diesem Platz. Er befand sich am Eingang des Augustus-Mausoleums. Und das Granitbecken des Dioskuren-Brunnens stammt vom Forum Romanum.

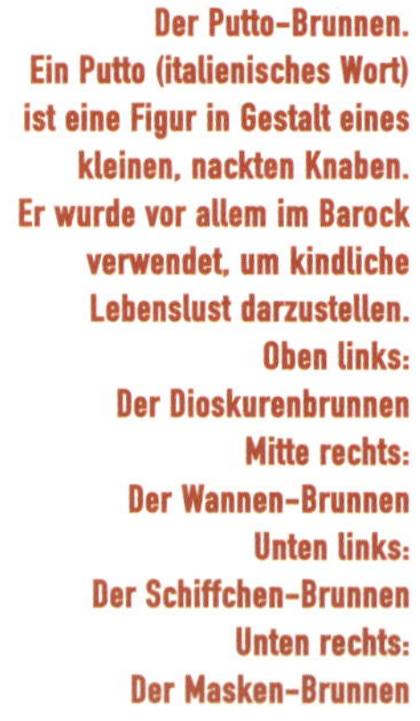

Oben rechts: Der Putto-Brunnen. Ein Putto (italienisches Wort) ist eine Figur in Gestalt eines kleinen, nackten Knaben. Er wurde vor allem im Barock verwendet, um kindliche Lebenslust darzustellen. Oben links: Der Dioskurenbrunnen Mitte rechts: Der Wannen-Brunnen Unten links: Der Schiffchen-Brunnen Unten rechts: Der Masken-Brunnen

Brunnen-Puzzles

Viele Baumeister der römischen Brunnen haben Vasen, Statuen, Masken oder sogar ganze Gebäudeteile aus antiken Häusern und Palästen entfernen lassen, um sie in ihre Brunnen einzubauen. Die Wannen der
Rainaldi-Brunnen, die auf der Piazza 
Farnese stehen, wurden beispielsweise aus den antiken
Caracalla-Thermen „geklaut“. Die **Fontana della Navi-** 17
cella, der „Schiffchen-Brunnen“ vor der Kirche Santa Maria in Domnica (Piazza della Navicella), befand sich früher im Kolosseum. Das antike Schiff aus Marmor gefiel Papst Leo X. so gut, dass er es 1514 restaurieren und hier
aufstellen ließ. Und der **Masken-Brunnen** (Fontana del 
Mascherone) in der Via Giulia trägt seinen Namen, weil das Wasser aus einer antiken Maske sprudelt. Im 17. Jahrhundert war der Masken-Brunnen bei den Römern besonders beliebt. Immer wenn es in diesem Stadtteil größere Feste gab, ließ man statt Wasser Wein aus dem Mund der großen Kopf-Maske fließen.

18 **Der Moses-Brunnen** (Fontana del Mosè)

Über die Moses-Statue der Fontana del Mosè in der Nähe der Piazza della Repubblica (Piazza San Bernardo) gibt es eine eher traurige Geschichte zu erzählen. Angeblich soll der aus Stein gemeißelte Moses bei seiner Enthüllung die Stirn gerunzelt haben, weil er sich für sein missglücktes Aussehen schämte. Sein Schöpfer, der Bildhauer Prospero da Brescia, war so verzweifelt über die Kritik an der Moses-Statue, dass er, so behaupten die Römer, vor Kummer darüber gestorben sei. Tatsächlich war Prospero jedoch nur ein Helfer von Domenico Fontana, dem wahren Baumeister des Moses-Brunnens. Der Brunnen entstand zur Feier der Wiederherstellung einer alten Wasserleitung, der „Aqua Felice".

Oben: Der Moses-Brunnen
Mitte: Der Paola-Brunnen wird auch „Il Fontanone" genannt, das heißt der „Riesen-Brunnen".
Unten: Einer der „Vier-Brunnen". Hier ist die Göttin Juno (Göttin der Ehe und Geburt) abgebildet.

Der Paola-Brunnen („Il Fontanone")

Aus ähnlichem Anlass wurde der Paola-Brunnen in der Via Garibaldi auf dem Gianicolo-Hügel errichtet. Nur diesmal feierten die Römer mit dem Brunnen die Erneuerung einer 30 Kilometer langen Wasserleitung aus den Zeiten Kaiser Trajans. Wie ein Triumphbogen sieht der riesige Paola-Brunnen aus. Die Säulen stammen übrigens aus der alten Peterskirche. Seitlich gucken wasserspeiende Ungeheuer hervor. Die Römer nennen den Brunnen einfach „Il Fontanone", den „Riesen-Brunnen".

Die Brunnen der „Quattro Fontane"

Auf der Piazza delle Quattro Fontane befinden sich, wie der Name sagt, vier Brunnen. Seit dem 16. Jahrhundert stehen an jeder Ecke des Platzes, an dem sich zwei Strassen kreuzen, die so genannten Quattro Fontane, die „Vier Brunnen". Die Statuen der Brunnen stellen verschiedene Götter dar: die Flussgötter Tiber und Arno und die Göttinnen Juno und Diana. Von dem Platz aus kann man gleich drei Obelisken sehen: den vom Quirinalsplatz, den von Santa Maria Maggiore und den der Spanischen Treppe.

20 **Der Najaden-Brunnen** (Fontana delle Naiadi)

Einer der jüngsten Brunnen ist der große Najaden-Brunnen auf der Piazza della Repubblica. Najaden waren im antiken Rom die weiblichen Naturgeister der Flüsse und Seen. Bei der Enthüllung des Brunnens im Jahr 1901 kam es zum Skandal. Die Statuen der Najaden, die fast unbekleidet mit Meeresungeheuern spielen, waren für viele Römer zu nackig. Kein Wunder, standen doch Varieté-Sängerinnen dafür Modell. Übrigens schuf Mario Rutelli, der Urgroßvater des jetzigen Bürgermeisters von Rom, den Brunnen.

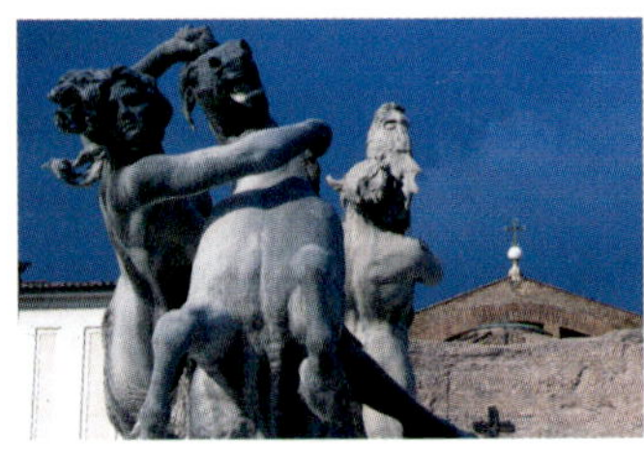

Oben: Der Najaden-Brunnen Unten: Der Drachen-Brunnen in der Via della Conciliazione ist ein Trinkwasserbrunnen.

Ihr könntet die Brunnen-Tour noch mehrere Tage fortsetzen und würdet immer neue Brunnen entdecken: große und kleine, protzige und einfache, verspielte und zweckdienliche. Der Einfallsreichtum der römischen Brunnengestalter scheint in all den Jahrhunderten nie nachgelassen zu haben. Und Rom ist wohl auch die einzige Stadt auf der Welt, in der es „Wandernde Brunnen" gibt. Das sind Brunnen, die früher einen anderen Standort hatten und aus den unterschiedlichsten Gründen wie ein Baum einfach „verpflanzt" wurden. Das war zum Beispiel beim Bienenbrunnen der Fall, aber auch beim Paola-Brunnen und beim Masken-Brunnen.

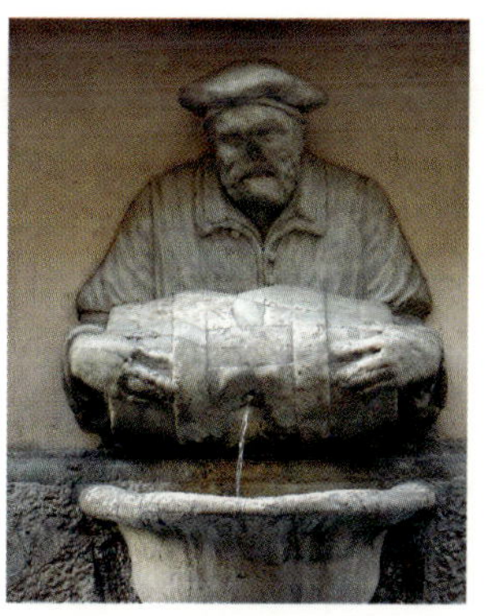

Die Trinkwasserbrunnen
Nützliche und preiswerte Durstlöscher für Passanten sind die vielen Trinkwasserbrunnen der Stadt, die so genannten „Fontanelle“. Aus den Wasserleitungen sprudelt bestes Mineralwasser, und ihr könnt es den Römern gleichtun und unbedenklich davon trinken.
Oft sind diese Trinkwasserbrunnen auch sehr schön
7 und witzig gestaltet. Bei der **Fontanella del Facchino** in der Via Lata etwa kommt das Wasser nicht aus einem Rohr oder einem Wasserhahn, sondern aus dem Fass des Facchino, des Lasten-
11 trägers. Und bei der **Fontanella della Botte**, dem Fass-Brunnen, in der Via della Cisterna, sprudelt das Wasser nicht nur aus einem großen Weinfass, sondern auch noch aus zwei steinernen Weinfla-
4 schen. Dem **Wildschwein** in der Via della Scrofa haben sie einfach seinen Brunnen geklaut. Der steht jetzt gleich um die Ecke, in der Via dei Portoghesi.

Oben:
Der Facchino-Brunnen
Mitte rechts:
Der Fass-Brunnen
Mitte links: Die „scrofa“, auf deutsch: das Wildschwein, muss heute leider ohne Wasser auskommen.
Unten: Der Elefanten-Brunnen

Beim **Sarg-Brunnen** in der Straße Vicolo di Santo Stefano del Cacco läuft das Wasser in einen antiken römischen  6
Sarkophag. Die **Drachen** der Zwillingsbrunnen in der Via della Conciliazione sehen zwar furchterregend aus. Sie sollten euch aber nicht davon abhalten, das kühle, erfrischende Wasser der Brunnen zu genießen. Keine Angst auch vor dem Elefantenkopf in der Villa Madama, der mit strengem Blick über seinen kleinen  9
21 **Elefanten-Brunnen** wacht.

„Sprechende Statuen“ und andere Geheimnisse

„Sprechende“ Statuen? Seit wann können Statuen denn sprechen? „Sprechende Statuen“ kann es natürlich nur in Rom geben, der Stadt der „tausend Wunder“, einer Stadt voller Erzählungen und Legenden. Insgesamt sechs von diesen sprechenden Statuen gibt es. Sie sind auf verschiedene Stadtteile verteilt und warten nur darauf, von euch entdeckt zu werden. Bemerkenswerterweise war es ein Kardinal, der im Jahr 1500 als erster eine Statue zum „Sprechen“ brachte. Kardinal Oliviero Carafa nahm kleine Zettel und schrieb darauf lateinische Sprüche zu Ehren des heiligen Markus. Damit möglichst viele Leute seine Sprüche lesen konnten, hing er die Zettel an eine antike Statue auf der heutigen Piazza di Pasquino. Das brachte die Römer auf eine Idee. Warum sollten sie statt der kirchlichen Lobverse nicht die Kirche und die Regierung mit kurzen, lustigen, aber auch bösen Sätzen ein wenig ärgern? Und schon bald hingen an der Statue, „Pasquino“ getauft, Zettelchen mit frechen Sprüchen, den „Pasquinate“.

Der Pasquino wird auch heute von den Römern als „Sprechende Statue“ benutzt.

Die Sprüche richteten sich gegen Ungerechtigkeiten und Missstände aller Art. Beliebteste Opfer waren vor allem der Papst und sein Gefolge. Der bis heute gern von den Römern benutzte Spruch: „Was die Barbaren nicht zerstörten, fiel den Barberini zum Opfer“, ist zum Beispiel eine dieser „Pasquinate“. Selbst die Todesstrafe konnte die Römer nicht von ihren „Pasquinate“ abhalten. Noch im 17. Jahrhundert wurde jeder, der beim Schreiben oder Verbreiten eines dieser frechen Zettelchen erwischt wurde, zum Tode verurteilt.
Geholfen hat das nicht viel, denn die „Sprechenden Statuen“ in Rom haben bis heute das Reden nicht verlernt. Es gibt sogar ein Fest, die „Festa del Pasquino“, die zu Ehren der „Sprechenden Statuen“ immer am 25. April stattfindet. An diesem Tag können die Römer ihre Beschwerdebriefe auf großen Tafeln in der Via del Pasquino anbringen.

Den Abt Luigi neben der Kirche Sant'Andrea della Valle
habt ihr ja bereits kennengelernt. Zudem gibt es den „lie-
2 genden Riesen“ **Marforius** (auf dem Kapitol, im Innenhof
des Palazzo Nuovo), die **Madama** 1
Lucrezia auf der Piazzetta San
Marco (die einzige Frau unter
den „Sprechenden Statuen“)
und den häßlichen, affenglei-
chen **Babuino** in der Via del 7
Babuino. Schließlich fehlt nur
noch der **Facchino**, der 5
„Lastenträger“, in der Via Lata.
Die Statue dieses Trinkwasserbrunnens stammt aus dem 16. Jahrhundert und stellt einen Mann dar, der aus einem Fässchen Wasser in ein kleines Becken laufen lässt. Die Nase des Mannes ist abgeschlagen. Ganz böse Zungen behaupten, das Gesicht des „Lastenträgers“ ähnele dem von Martin Luther.

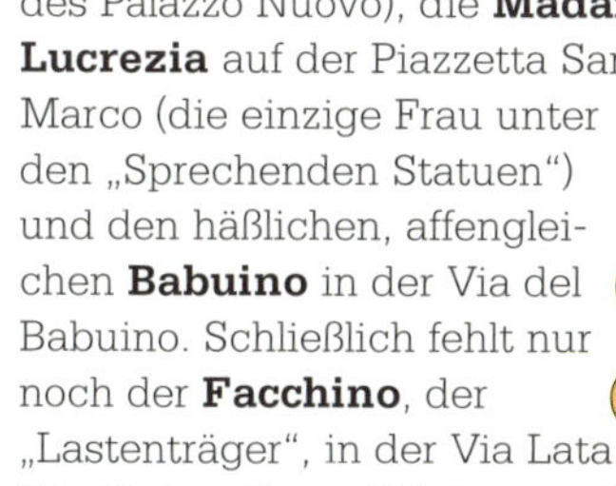

Oben: Der Babuino.
Mitte links:
Madama Lucrezia
Mitte rechts: Marforius.
Unten: Ein riesiger Marmorfuß. Er war wahrscheinlich Teil einer sogenannten „Kolossal-Statue“, die einen Kaiser darstellte.

Für den, der jetzt seine Liebe für Außergewöhnliches entdeckt hat, bietet Rom noch weitere ungewöhnliche Sehenswürdigkeiten. Am Palazzo Zuccari, in der Nähe der Kirche Santa Trinità, mit seinem Monstermaul seid ihr bereits gewesen.
Witzig ist aber auch der
6 überdimensionale **Mar-
morfuß** in der Via Santo
Stefano del Cacco, der hier völlig unvermittelt an der Straßenecke steht. Der Fuß steckt in einer Sandale und ist der Überrest einer einst riesigen

3 antiken Kolossalstatue. Auch die steinerne **Falkenfrau** in der Via Giulia bietet einen ungewöhnlichen Anblick. Für die Katzenfreunde unter euch: In der Via della Gatta sitzt eine hübsche **Steinkatze**. 4

Rechts: Die Falkenfrau
Links: Die Steinkatze befindet sich auf einem Vorsprung, an einem Wohnhaus.

Apropos Katzen: In Rom gibt es etwa 7 Millionen. Zum größten Teil laufen sie frei herum und verbringen ihre Tage streunend in den Straßen und auf den Plätzen. Besonders viele Katzen kann man am Fuß der Cestius-Pyramide und im Marcellus-Theater antreffen. Angeblich stammten die ersten Katzen Roms aus Ägypten. Dort wurden Katzen als heilige Tiere verehrt und besonders geachtet. Die ägyptischen Katzen kamen in die Stadt, indem sie sich auf den Schiffen, die Weizen und Getreide nach Rom transportierten, versteckten. In der Antike gab es nur sehr wenige Katzen in Rom. Die Römer pflegten und liebten sie. Doch die Katzen vermehrten sich und wurden zur Plage. Im Jahr 1484 ließ Papst Innozenz VIII. alle Frauen, die Katzen fütterten, als Hexen anklagen. Die Katzen wurden in Käfige eingemauert und verhungerten kläglich, man warf sie in heißes Öl oder verbrannte sie auf Scheiterhaufen. Nicht zu vergleichen mit heute, wo es den Katzen in Rom ausgesprochen gut geht. Am zufriedensten von allen wirken die „Kirchenkatzen“. Sie tappen gutgenährt um die Kirchen herum. Aus den größten Feinden scheinen die besten Freunde geworden zu sein.

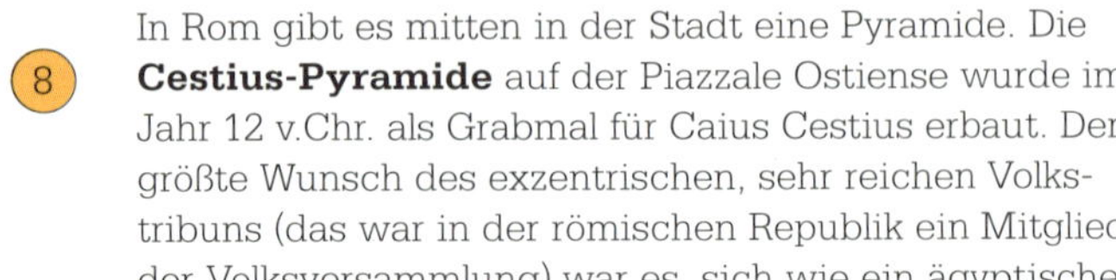

8 In Rom gibt es mitten in der Stadt eine Pyramide. Die **Cestius-Pyramide** auf der Piazzale Ostiense wurde im Jahr 12 v.Chr. als Grabmal für Caius Cestius erbaut. Der größte Wunsch des exzentrischen, sehr reichen Volkstribuns (das war in der römischen Republik ein Mitglied der Volksversammlung) war es, sich wie ein ägyptischer

Pharao begraben zu lassen. Die Pyramide ist 22 Meter breit und 27 Meter hoch. Früher war sie noch um 4 Meter höher, aber ein Teil der Pyramide liegt mittlerweile unter der Erde. Eine Inschrift auf dem seltsamen Grabmal besagt, dass sie in nur 330 Tagen errichtet wurde. Das hatte seinen guten Grund. Nur wenn es den Verwandten des Volkstribuns gelang, die Pyramide in so kurzer Zeit zu bauen, durften sie das reiche Vermögen von Caius Cestius erben.

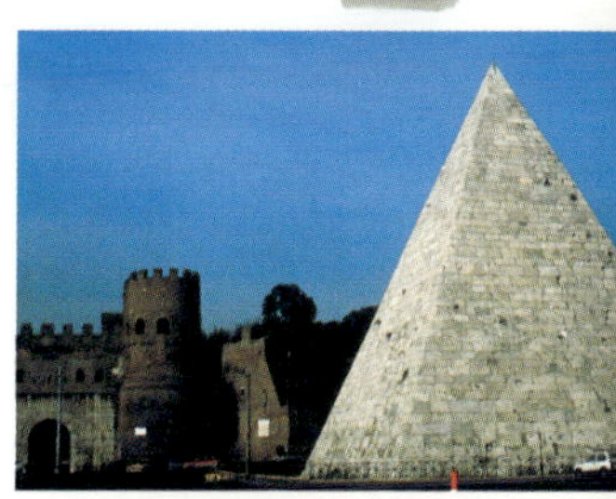

Oben: Die Pyramide, das Grabmal von Caius Cestius
Unten: Ein Schlüsselloch mit überraschendem Ausblick. Wenn ihr auf der Piazza steht, dann ist es leicht zu finden. Hierher kommen auch viele Römer, und man muss nicht selten anstehen, um einen Blick durch das berühmte Schlüsselloch zu werfen.

Noch zwei besondere „Geheimtipps“ zum Schluss. Den ersten aber bitte nicht weitersagen, denn er könnte euch zu sehr reichen Menschen machen. In der Nordost-Ecke der Piazza
9 V. Emanuele II. gibt es eine **„Magische Tür“**, auf der ein Rezept zur Herstellung von Gold eingraviert ist. Ein Herzog entdeckte die Formel aus Zeichen einer Geheimsprache in einem uralten Schriftstück. Da weder er noch irgendeiner seiner Freunde dieses Rezept verstehen konnten, ließ er es 1680 auf die Tür schreiben. Er glaubte, dass früher oder später jemand auftauchen würde, der etwas damit anzufangen wüsste.

Der zweite „Geheimtipp“ ist nur ein einfaches Loch. Aber
10 das **„Buco di Roma“** an der Piazza dei Cavalieri di Malta eröffnet euch einen der schönsten Ausblicke auf Rom. Wenn ihr durch das Schlüsselloch am Gartentor des Klosters des Malteserordens guckt, zeigt sich die Kuppel der Peterskirche eingerahmt von Oliven- und Obstbäumen.

Ein antikes römisches Bodenmosaik in den Vatikanischen Museen. Hier ist die römische Göttin Minerva (die griechische Athena) dargestellt.

Römische Museen und Kirchen

Museen

Alle Museen Roms hier aufzuzählen, ist nicht möglich. Zu viele gibt es in der Stadt. Aber die bedeutendsten, schönsten und interessantesten werden hier kurz vorgestellt.

An erster Stelle stehen selbstverständlich die
12 20 Museen (!) der **Vatikanischen Museen** (Eingang Viale Vaticano; Tel. 06-69884947; Öffnungszeiten: Mo.-Fr. 8.45-16.45, Sa. 8.45-12.45). In den Räumen der „größten Schatzkammer der Welt" befinden sich bedeutende Kunstwerke aus Antike, Mittelalter und Neuzeit: Ägyptische Mumien, Tiere aus Stein, uralte Landkarten, Original-Kutschen der Päpste, wunderschöne Gemälde und Fresken.

1 In den **Kapitolinischen Museen** (Piazza del Campidoglio; Tel. 06-67103069/06-67102071; Öffnungszeiten: Di.-So. 9-19) ist die älteste öffentliche Kunstsammlung der Welt untergebracht. Sie wurde von Papst Sixtus IV. im Jahr 1471 gegründet. Die Kunstwerke sind im Palazzo Nuovo und im Konservatorenpalast zu sehen.
Die Hauptwerke im **Konservatorenpalast** sind der jugendliche „Dornauszieher", eine Bronzestatue aus dem 1. Jahrhundert v.Chr.; die „Kapitolinische Wölfin", das Symbol Roms (die Wölfin stammt aus dem 5. Jahrhundert v.Chr., die Zwillinge wurden erst im 15. Jahrhundert hinzugefügt); der Kopf, eine Hand und andere Körperteile einer 12m hohen Kolossalstatue von Kaiser Konstantin II. (im Innenhof des Palastes).
Im Obergeschoss des Konservatorenpalastes ist die Kapitolinische Pinakothek mit einer der bedeutendsten Gemäldesammlungen Italiens

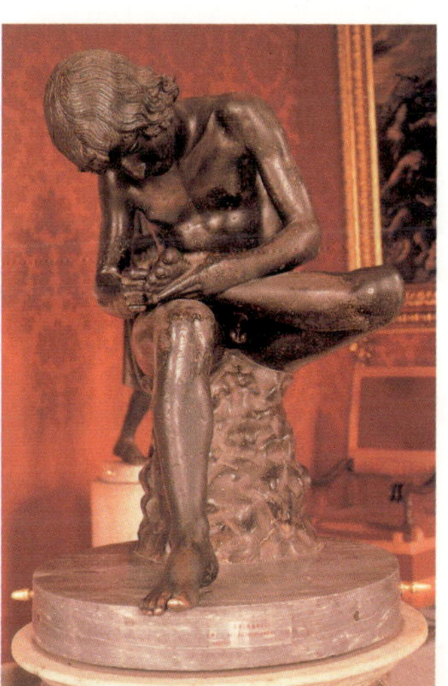

Oben: Die Gallerie der geografischen Karten in den Vatikanischen Museen
Links: Der „Dornauszieher"

untergebracht. Hier sind unter anderem Werke von Rubens, Caravaggio, Guercino und Tintoretto zu sehen.

Im **Palazzo Nuovo** steht die Original-Reiterstatue Mark Aurels. Außerdem sind in diesem „Palazzo" 65 Büsten von römischen Kaisern und 79 Büsten von antiken Philosophen, Dichtern, Ärzten, Rednern und Historikern ausgestellt. Jedem, der im antiken Rom Rang und Namen hatte, könnt ihr hier einmal „persönlich" begegnen.

Für die Kapitolinischen Museen und für das Museo della Civiltà Romana hat die Stadt Rom einen **Museumsführer für Kinder** herausgebracht. Die 30-minütige Hör-Kassette gibt es gemeinsam mit einer Broschüre auch in deutscher Sprache an der Kasse.

(2) Das **Antiquarium Forense** (Piazza Santa Maria Nova, 53; Tel. 06-6990110; Öffnungszeiten: Mo.-Sa. 9-18, So. 9-13) auf dem Forum Romanum ist vor allem wegen seiner Plastiken und archäologischen Fundstücke interessant. Sie zeigen, wie die Menschen im 10. und 9. Jahrhundert v.Chr. auf dem Palatin lebten, was sie arbeiteten und in ihrer Freizeit taten - und was sie verspeisten.

(9) Die **Galleria Borghese** in der **Villa Borghese** (Piazza Scipione Borghese, 5; Tel. 06-8548577; Öffnungszeiten: Di.-Sa. 9-22, So. 9-20) ist die „Königin unter den Privatsammlungen". Sie wurde von Kardinal Scipione Borghese im 17. Jahrhundert gegründet. Hier sind unter anderem Werke von Botticelli, Raffael, Caravaggio und Tizian zu sehen. In der „Sala della Paolina" befindet sich eine Statue von

Paolina Borghese, der Frau des Prinzen Camillo Borghese. Dem Prinzen schien die nackte Statue, angefertigt von dem berühmten Bildhauer Antonio Canova, so echt, dass er Fremden verbot, das Werk anzusehen. Seine Nachfahren haben dieses Verbot zum Glück wieder aufgehoben. In der „Galleria" werden auch Führungen für Kinder organisiert.

Das wichtigste Museum über die Geschichte und die
10 Kultur der Etrusker in Italien ist das **Museo Nazionale
Etrusco** in der **Villa Giulia** (Piazzale di Villa Giulia, 9;
Tel. 06-3201951; Öffnungszeiten: Di.-Sa. 9-19, So. 9-14).
Es liegt ebenfalls im Park der Villa Borghese.

Das **Museo della Civiltá Romana** (EUR, P.zza G. Agnelli, 10; Tel. 06-5926135/06-5926041; Öffnungszeiten: Di.-Sa. 9-19, So. 9-13) Das Museum der römischen Kulturgeschichte lässt mit Modellen aus Gips, Holz und Ton das Rom der Kaiserzeit wieder auferstehen. Im Museum gibt es einen „Julius-Caesar-Saal" mit Kriegsgeräten und einer Riesenstatue des Feldherrn. Ein anderer Raum zeigt, wie ein Klassenzimmer in der Antike ausgesehen hat. Außerdem zu bewundern: eine antike, noch funktionierende Kaiserkutsche; ein Kriegsschiff, in der Größe einer Badewanne; und ein Triumphbogen in Miniatur.

Das **Museo Nazionale Romano**, eine der wichtigsten
Sammlungen römisch-antiker Kunstwerke, ist so reichhal-
tig, dass es auf drei Gebäude verteilt werden musste. Es
befindet sich im **Palazzo Massimo alle Terme** (Largo di
Villa Peretti, 1; Tel. 06-48903500/06-48903504; Öffnungszei-
7 ten: Di.-So. 10-22), im **Palazzo Altemps** (Piazza Sant'-
Apollinare, 44; Tel. 06-6833566; Öffnungszeiten: Di.-Sa.
9-22, So. 9-20) und in den Räumen der **Diokletians-Ther-
men** (Eingang Viale Enrico de Nicola, 79; Tel. 06-4880530;
Öffnungszeiten: Di.-So. 9-19). Wer sich für antike
Sarkophage, Statucn, Reliefs, Inschriften, Mosaiken,
Fresken, Stucke, Skulpturen und sonstige Kunstobjekte
interessiert, sollte zumindest einen der drei Paläste aufsuchen. Besonders interessant ist der **Palazzo Massimo
alle Terme**. Zahlreiche Porträts, Statuen und Mosaiken
aus der Zeit der Römischen Republik und der Kaiserzeit
sind auf drei Stockwerken zu besichtigen. Im Innenhof des
Palazzo Massimo stehen riesige, furchterregend aussehen-
de antike Tierköpfe.

Für Liebhaber von Moderner Kunst: im **Palazzo delle Esposizioni** (Via Nazionale, 194; Tel. 06-4885465) hat die Stadt Rom extra einen Raum eingerichtet, in dem Kinder auf unterhaltsame Weise in die Moderne Kunst eingeführt werden.

(8) Madame Tussot auf römisch - das **Wachsfigurenkabinett** Roms (Piazza dei SS. Apostoli, 67; Tel. 06-6796482; Öffnungszeiten: Mo.-So. 9-20) unterscheidet sich eindrucksvoll vom wohl berühmtesten Wachsfigurenkabinett der Welt. Hier in Rom sind nämlich unter den lebensecht nachgebildeten 200 Berühmtheiten viele bekannte Persönlichkeiten der Antike zu finden.

Das **Museo Nazionale degli Strumenti Musicali** (Piazza di Santa Croce in Gerusalemme, 9/a; Tel. 06-7014796/06-7029862; Öffnungszeiten: Di.-Sa. 9-14, So. 9.15-11) ist ein wichtiges Museum für Musikinstrumente. Über 3.000 Instrumente vom Altertum bis zum 19. Jahrhundert aus Europa, Afrika, Asien und Südamerika sind hier ausgestellt.

Eine reichhaltige Sammlung von Masken und Marionetten
(4) könnt ihr im Theater-Museum der **Raccolta Teatrale del Burcardo** im **Casa del Burcardo** (Via del Sudario, 44; Tel. 06-68806755; Öffnungszeiten: Mo.-Sa. 9-14) bewundern.

(5) Das **Museo Criminologico** (Via del Gonfalone, 29; Tel. 06-68300234; Öffnungszeiten: Mo.-Sa. 9-14) ist nur was für ganz Mutige: Hier sind Folterinstrumente, Kriminalwerkzeuge und berühmte Diebesbeute zu sehen.

(6) Im **Museo di Roma** im Palazzo Braschi (Piazza San Pantaleo, 10; Tel. 06-6875880; Öffnungszeiten: Di.-So. 9-14) an der Piazza Navona könnt ihr einen Eindruck vom Rom des 19. Jahrhunderts gewinnen. Liebevoll werden mit Zeichnungen, Gemälden und Nachbauten (u.a. eines Gasthauses und eines Geschäftes) das Leben und die Bräuche der damaligen Zeit wieder lebendig gemacht.

Das **Museo dei Bambini di Roma** („Spazio Flamino", Via Flaminio) zeigt in Form von riesigen Modellen eine „ideale Stadt". Ihr könnt im Supermarkt einkaufen, den Bahnhof oder ein Fernsehstudio besuchen, euer Auto waschen

lassen, euch im Krankenhaus umsehen oder im Restaurant schlemmen. Wie in vielen Städten Italiens ist auch hier die Stadt um eine „Piazza" als Mittelpunkt herum gebaut. Dieses „Kindermuseum" wird im Oktober 2000 eröffnet.

Etwas ganz besonderes zum Schluss: Im **Museo Nazionale delle Paste Alimentari**, dem **Staatlichen Nudelmuseum**, im **Palazzo Scanderbeg** (P.zza Scanderbeg, 117; Tel. 06-6991120; Öffnungszeiten: Mo.-So. 9.30-17.30) kann man in 11 Räumen die Geschichte der Nudel verfolgen. Wir erfahren, woher die leckere „Pasta" kommt und wo sie endet - aber das wissen sowieso die meisten: in unseren Bäuchen!

Weitere im Text erwähnte Museen:

11 **CASA DI GOETHE** (das Haus, in dem Goethe während seines Aufenthaltes in Rom gelebt hat): V. del Corso, 20; Tel. 06-32650412; Öffnungszeiten: Mi.-Mo. 10-18.

3 **GALLERIA SPADA**: Piazza Capo di Ferro, 13; Tel. 06-6861158; Öffnungszeiten: Di.-Sa. 9-19, So. 9-13.

13 **VILLA FARNESINA**: Via della Lungara, 230; Tel. 06-68801767; Öffnungszeiten: Mo.-Sa. 9-13.

Das **FORUM ROMANUM** mit dem **PALATIN** (Haupteingang: Largo Romolo e Remo; Tel. 06-6990110) ist zwar kein Museum, aber trotzdem müsst ihr auch hier die Öffnungszeiten beachten: Mo.-Sa. 9-16, So. 9-14.
Das gleiche gilt für das **KOLOSSEUM** (Eingang Piazza del Colosseo; Tel. 06-7004261; Öffnungszeiten: Mo.-Sa. 9-19, So. 9-14) und die **ENGELSBURG** (Eingang Lungotevere Castello, 50; Tel. 06-6819111; Öffnungszeiten: Di.-So. 9-20).

Kirchen

Hier noch einmal alle Kirchen, die in den Kapiteln aufgeführt werden, mit Anschriften und Öffnungszeiten:

SANTA MARIA IN ARACOELI: Piazza d'Aracoeli; Tel. 06-6798155; Mo.-So. 6.30-12/15.30-17.45
SANT'AGNESE IN AGONE: Piazza Navona; Tel. 06-6794435; Mo.-Sa. 17-18.30, So. 10-13
SANT'AGOSTINO: V.della Scrofa, 80; Tel. 06-68801962; Mo.-So. 7.45-12/16.30-19.30
SAN LUIGI DEI FRANCESI: V.Santa Giovanna d'Arco; Tel. 06-6833818; Mo.-So. 8.30-12/15.30-19
SANT'IVO (ALLA SAPIENZA): Corso del Rinascimento, 40; So. 10-12
SANTA MARIA SOPRA MINERVA: V.del Beato Angelico, 35; Tel. 06-6990339; Mo.-Sa. 7-19/ So. 7.30-13/15.30-19
SANT'IGNAZIO DI LOYOLA: Piazza di Sant'Ignazio; Tel. 06-6794406; Mo.-So. 7.30-12.30/16-19.15
PANTHEON: Piazza della Rotonda; Tel. 06-68300230; Mo.-Sa. 9-17, So. 9-13
SANTA MARIA DEL POPOLO: Piazza del Popolo, 12; Tel. 06-3610836; Mo.-So. 7-12/16-19
SAN PIETRO IN VATICANO/PETERSKIRCHE: Piazza San Pietro; Tel. 06-6982 oder 06-69881662; Mo.-So. 7-18 (**Schatzkammer**: 9-18; **Vatikanische Grotten**: 7-17; **Kuppel**: 8-16.45)
Papstaudienzen: öffentliche Audienzen Mittwoch 11 Uhr in der Päpstlichen Audienzhalle (kostenlose Eintrittskarten im Deutschen Pilgerbüro in der Via della Conciliazione, 31; Tel. 06-6897197; Öffnungszeiten: Mo.-Fr. 8.30-12.30/15-17, Sa. 8.30-12.30; und im Casa Pontificia auf der rechten Seite der Piazza San Pietro; Öffnungszeiten: Mo.-Sa. 9-13; ansonsten schriftlich zu bestellen unter: Prefettura della Casa Pontifica, I-00120 Città del Vaticano; Infos: 06-69883114)
Vatikanstadt: Büro für Pilger- und Touristeninformationen (P.zza San Pietro, links vor der Basilika; Tel. 06-69881662/FAX 06-69881694)
Informationsbüro zum „Heiligen Jahr“ (Tel. 06-69924600; Öffnungszeiten: Di.-So. 9.30-18.30; bis 2001 geöffnet)
SANT'ANDREA DELLE FRATTE: Piazza Sant'Andrea delle Fratte, 1; Tel. 06-6793191; Mo.-So. 6.30-12.45/16-19.30
SANTA MARIA IN TRASTEVERE: Piazza Santa Maria

in Trastevere; Tel. 06-5814802; Mo.-So. 7.30-13/16-19
SANTA CECILIA IN TRASTEVERE: Piazza Santa Cecilia 22; Tel. 06-5899289; Mo.-So. 9-12/15-17
SANTA MARIA IN COSMEDIN: Piazza della Bocca della Verità, 18; Tel. 06-6781419; Mo.-So. 9-13/15-18
ABBAZIA DELLE TRE FONTANE: V.Laurentina/V.Acque Salvie; Tel. 06-5401655; Mo.-So. 8.30-18
SAN PAOLO FUORI LE MURA: V.Ostiense, 186; Tel. 06-5410341; Mo.-So. 7-18.45
(**Museum**: Mo.-So. 8-13/15-18)
SAN PIETRO IN VINCOLI: Piazza San Pietro in Vincoli, 4/a; Tel. 06-48822865; Mo.-So. 7-12/15.30-18
SAN SEBASTIANO (AD CATACUMBAS): V.Appia Antica, 136; Tel. 06-7808847; Fr.-Mi. 9-12/14.30-17
SAN PIETRO IN MONTORIO: Piazza San Pietro in Montorio, 2; Tel. 06-5813940; Mo.-So. 9-12/16-18
SAN GIOVANNI IN LATERANO/LATERANSBASILIKA: Piazza San Giovanni in Laterano, 4; Tel. 06-69886433; Mo.-Fr. 7-18/Sa.-So. 7-18.45
(**Baptisterium**: Mo.-So. 9-13/16-18; **Museum**: Mo.-Fr. 9-13/15-17, Tel. 06-69886364; **Scala Santa und Sancta Sanctorum**: Piazza San Giovanni in Laterano, 14; Tel. 06-70494489; Mo.-So. 6-12/15-18.30)
SANTA MARIA MAGGIORE: V.Liberiana, 27; Tel. 06-483195; Mo.-So. 7-18.30
SANTA CROCE IN GERUSALEMME: Piazza Santa Croce in Gerusalemme, 12; Tel. 06-7014769; Mo-So. 6-12.30/15.30-18.30
SAN LORENZO FUORI LE MURA: Piazzale del Verano; Tel. 06-491511; Mo.-So. 7-12/16-18
SANTA PRASSEDE: V.Santa Prassede, 9/a; Tel. 06-4882456; Mo.-So. 7.30-12/16-18.30

Katakomben:

SEBASTIANS-KATAKOMBEN: V.Appia Antica, 136; Tel. 06-7887035; Fr.-Mi. 9-12/14.30-17
CALIXTUS-KATAKOMBEN: V.Appia Antica, 110; Tel. 06-5136725; Do.-Di. 8.30-12/14.30-17
DOMITILLA-KATAKOMBEN: V.delle Sette Chiese, 282; Tel. 06-5110342; Mi.-Mo. 8.30-12/14.30-17
PRISCILLA-KATAKOMBEN: V.Salaria, 430; Di.-So. 8.30-12

Wer vor seiner Abreise zusätzliche Informationen über die Museen und die Kirchen in Rom haben möchte, der wendet sich am besten an das Büro des Italienischen Fremdenverkehrsamtes (Ente Nazionale Italiano del Turismo, kurz E.N.I.T.) in seinem Heimatland:

Deutschland:	10178 Berlin - Karl-Liebknecht-Straße 34 - Tel. 030-2478397 - FAX: 030-2478399 60329 Frankfurt/Main - Kaiserstr. 65 - Tel. 069-237434 - FAX: 069-232894 80336 München - Goethestr. 20 - Tel. 089-531317 - FAX 089-534527
Österreich:	1010 Wien - Kärntner Ring 4 - Tel: 01-505163913 - FAX 01-5050248
Schweiz:	8001 Zürich - Uraniastr. 32 - Tel. 01-2113633 - FAX 01-2113885

Im **Internet** findet ihr unter folgenden Adressen Wissenswertes über Rom:
www.comuneroma.it (Allgemeines)
www.romapreview.com (Feste und Veranstaltungen)
www.bambinialmuseo.com (Museen)
www.romaonline.net (mit virtuellen Karten und Plänen)
www.italienaktuell.de (zum „Heiligen Jahr“)

Feste und Feiertage

Viele der antiken Feste und Bräuche hat die katholische Kirche übernommen. Sie ersetzte nur die römischen bzw. griechischen Gottheiten, die die Römer in der Antike verehrten, mit ihren Heiligen und Märtyrern. Eine besondere Vorliebe für festliche Veranstaltungen hatten die Kardinäle und Päpste des 15. und 16. Jahrhunderts. In ihren römischen Villen und Palästen hielten sie Feste ab, die mit Kostüm- und Maskenbällen wie prachtvolle Theaterstücke organisiert waren.

Zu Beginn eines jeden Jahres erwarten die Kinder Roms voller Spannung das **Fest der Heiligen Drei Könige** am **6. Januar**. An diesem Tag kommt die Befana, eine alte Frau in armseligen Kleidern, auf die Piazza Navona und verteilt Süßigkeiten an die braven Kinder. Die bösen und ungehorsamen Kinder dagegen bekommen nur schwarze „Kohlestücke" (die sind natürlich auch aus Zucker).

Für die Tierfreunde unter euch: Am Vormittag des **17. Januar** werden vor der Kirche **Sant'Eustachio** an der Piazza di Sant'Eustachio Tiere geweiht. Die Römer bringen Hunde und Katzen, Pferde, Esel und Ochsen, Gänse und Hennen vor die Kirche, um für sie den kirchlichen Segen zu erbitten.

Noch im letzten Jahrhundert war der **Fasching** das größte Fest des ganzen Jahres in Rom. Die Woche vor Aschermittwoch wurde ausgelassen gefeiert. Maskierte und kostümierte Kinder, aber auch Erwachsene zogen durch das Viertel um die Piazza Navona, und reich geschmückte Festwägen fuhren auf den Straßen. Ein beliebtes Spiel war es, am Abend des Faschingsdienstags mit brennenden Kerzen auf die Straße zu gehen und zu versuchen, die Kerze des Nachbarn auszupusten. Musik und Tanz beherrschten ganz Rom.

Eine Weihe ganz besonderer Art findet am **9. März** bei der Kirche **Santa Francesca Romana** statt. An diesem Tag werden die Autofahrer mit ihren Fahrzeugen gesegnet. Zum Zeichen ihres Glaubens an die Schutzheilige (die heilige Francesca) lassen die Autofahrer ein Hupkonzert ertönen.

Die **Oster-Feiertage** sind für Katholiken die bedeutendsten Festtage im Jahr. Die Osterwoche heißt in Italien „Settimana Santa", die „Heilige Woche".
Die Osterwoche leitet der **Palmsonntag** ein. In den römischen Kirchen werden Zweige von Olivenbäumen verteilt. Eigentlich müssten es Palmzweige sein. Denn an diesem Tag, als Christus in Jerusalem einzog, wurde er von der Menschenmenge mit wedelnden Palmzweigen empfangen. Aber da es in Italien zu wenig Palmen gibt, hat man sie mit Zweigen von Olivenbäumen ersetzt.
Das Osterfest beginnt am **Gründonnerstag** mit der Feier des Abendmahles und der Fußwaschung des Papstes in der **Lateransbasilika**. Dabei wäscht der Papst 12 Personen die Füße. Darunter können ausgewählte Priester sein, aber auch Gastarbeiter, Obdachlose, Kinder oder ältere Menschen. Mit der Fußwaschung wiederholt der Papst den Akt der Unterwerfung und der Menschenliebe, den Jesus an den Aposteln vollzog. Am gleichen Tag werden die Reliquien in der **Peterskirche** gezeigt.
Am **Karfreitag**, dem Todestag von Jesus Christus, begibt sich der Papst ins **Kolosseum**. In diesem antiken Amphitheater hatte Papst Benedikt XIV. im Jahr 1749 14 Kreuzwegstationen errichten lassen. Er wollte damit an den Märtyrertod der Christen im Kolosseum erinnern. Der Papst durchläuft am Abend des Karfreitages den Kreuzweg und betet an jeder Station. Um Mitternacht zelebriert er den Gottesdienst.
Der **Ostersonntag** ist der Höhepunkt des Festes. Christus ist auferstanden. Punkt 12 Uhr erteilt der Papst am **Petersplatz** den Ostersegen. Für die Stadt und für die ganze Welt, „Urbi et orbi", erbittet das Oberhaupt der katholischen Kirche den Segen Gottes.

Am **21. April** feiern die Römer den Geburtstag ihrer Stadt. Überall in Rom finden 10 Tage lang Sportwettkämpfe, Theater- und Musikveranstaltungen statt. Ein spektakuläres Feuerwerk beschließt den 21.April.

Im **April** oder **Mai** feiert die Stadt Rom ein „Internationales Kinderfest", das **„Festa della primavera"**. Das Fest wird auf dem Kapitolsplatz veranstaltet, wo sich römische Schulkinder mit Kindern aus Frankreich, der Schweiz, Griechenland, Israel, Rumänien und vielen anderen Ländern treffen.

Mitte Mai wird die **Spanische Treppe** mit Azaleen geschmückt. Über 3.000 Pflanzen liegen zwei Wochen lang wie ein duftender Teppich auf der berühmtesten Treppe der Welt.

Im **Stadtteil** von **San Giovanni**, in der Nähe des Bahnhofs, gibt es am **24. Juni**, dem Johannistag, Spiele und Essen und Trinken für alle - nicht umsonst, aber fast!

Zu Ehren der Stadtväter, der Apostel Petrus und Paulus, wird am 29. Juni die **Peterskirche** von Tausenden von Lichtern angestrahlt. Bereits am Vortag wird die Petrus-Statue in der Peterskirche mit dem päpstlichen Gewand geschmückt.

Vom **16.-24. Juli** findet in **Trastevere** das Stadtteilfest **„Festa de Noantri“** statt. Auch wenn die Einwohner von Trastevere „anders“ als die anderen Römer sind, verstehen sie es doch, genauso ausgelassen zu feiern. Die Festtage werden mit einem Marien-Umzug eröffnet. Viele Veranstaltungen finden in den Gassen und auf den Plätzen von Trastevere statt. Römische Leckereien gibt es in diesen Tagen an jeder Straßenecke. Am letzten Abend erleuchtet ein schönes Feuerwerk den Nachthimmel.

In **Santa Maria Maggiore** wird am **5. August** das **„Schneewunder“**, das ihr bereits aus dem Kapitel „Pilgerkirchen“ kennt, wiederholt. Nur diesmal fällt nicht Schnee vom Himmel, sondern es „regnet“ köstlich duftende Rosenblätter von der Kirchen-Kuppel.

An **Weihnachten** stellen die Römer einen riesigen Tannenbaum und eine Krippe mit lebensgroßen Figuren auf den **Petersplatz**. Weihnachtskrippen gibt es zur Weihnachtszeit in jeder römischen Kirche. Besonders verehrt wird der „Heilige Bube“ in der Kirche **Santa Maria in Aracoeli**. Kinder tragen der Puppe weihnachtliche Gedichte vor. Auf der **Piazza Navona** findet der größte Weihnachtsmarkt in Rom statt.

Zu Sylvester wird auf der **Piazza del Popolo** ein großes Fest mit Musik und Riesen-Feuerwerk veranstaltet.

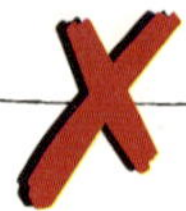

Freizeitmöglichkeiten

In einer so großen Stadt wie Rom sind natürlich auch die Freizeitmöglichkeiten äußerst vielfältig. Ihr könnt in wunderschönen Parkanlagen und Gärten spazierengehen, den Zoo besuchen, in einen riesigen Vergnügungspark gehen, in Kinos und Puppentheatern euren Spaß haben, Fußballspiele angucken oder gar selbst Fußball spielen, schwimmen oder Boot fahren und so weiter und so fort. Im Folgenden findet ihr einige der interessantesten Adressen und Schauplätze in Rom.

PARKS UND GÄRTEN

Im antiken Rom galten Gärten als Zeichen des Reichtums. Wegen der hohen Bodenpreise konnten sich nur Kaiser und wohlhabende Römer einen Garten („hortus") leisten. Die größten Gartenanlagen befanden sich am Stadtrand, wie z.B. der Garten Neros auf dem Vatikanhügel. Auch im Mittelalter gab es in Rom viele Gärten, die den zahlreichen Klöstern in der Stadt gehörten und meist landwirtschaftlich genutzt wurden. In den folgenden Jahrhunderten legten die Adelsfamilien um ihre Villen große Parks an. Diese Parkanlagen bestehen noch heute und sind nach den Villen ihrer einstigen Besitzer benannt, wie z.B. die **Villa Borghese**, die **Villa Pamphili** oder die **Villa Ada**.

Villa Borghese: Bereits im 1. Jahrhundert v.Chr. befanden sich hier die Gärten des Lucullus, den ihr einige Seiten weiter unter dem Stichwort „Essen in Rom" näher kennenlernt. Der Park der „Villa Borghese" ist der älteste römische Stadtpark und vor allem wegen der berühmten Kunstsammlung in der **Galleria Borghese** vielbesucht. Aber in diesem Park gibt es noch viele weitere Sehenswürdigkeiten: eine **Wasseruhr** aus dem 19. Jahrhundert; einen **Obelisken**; einen **Reitplatz**; ein **Puppentheater**, **Karussells**, eine **Miniatur-Eisenbahn**, ein **Kinderkino** („Cinema dei Piccoli") und einen **See** mit Ruderbooten.

Villa Doria Pamphili (Eingang Via di S. Pancrazio): Der größte römische Park befindet sich auf dem Gianicolo-Hügel. Er ist wegen seiner weiträumigen Grünflächen vor allem bei **Joggern** und **Fußballspielern** sehr beliebt.

Villa Ada (Eingang Via Salaria): In diesem Park werden in einem großen **Teich** Wettrennen mit kleinen, ferngesteuerten Modellbooten veranstaltet. Außerdem könnt ihr **Ponyreiten**, mit dem **Autoscooter** fahren oder **Fahrräder mieten** und auf den Radwegen durch den Park radeln.

Villa Torlonia (Eingang Via Nomentana): Hier steht eines der hübschesten Häuser in ganz Rom, das **„Casina delle Civette"**. Ein Haus wie aus einem Märchen! (**Museo della Casina delle Civette**: Via Nomentana, 70; Tel. 06-44250072; Öffnungszeiten: Di.-Sa. 9-17)

Die Casina delle Civette, zu deutsch: das Eulen-Häuschen

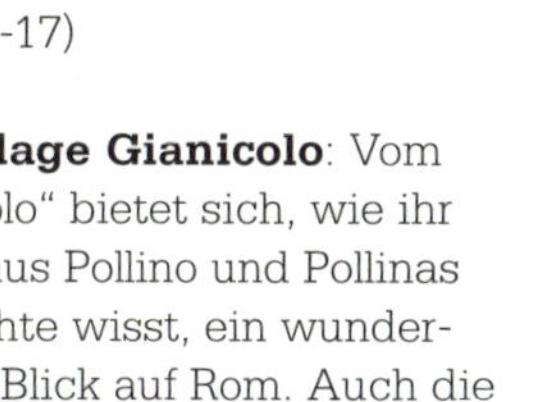

4 **Parkanlage Gianicolo**: Vom „Gianicolo" bietet sich, wie ihr bereits aus Pollino und Pollinas Geschichte wisst, ein wunderschöner Blick auf Rom. Auch die **Kanonen-Uhr** des Parks habt ihr bereits kennengelernt. Von besonderem Reiz ist ein seltsam aussehender Baum, die sogenannte **Tasso-Eiche**, die von einem Blitz gespalten wurde. Außerdem könnt ihr im Park **Ponyreiten** oder euch ein lustiges **Puppentheater** angucken.

1 **Villa Celimontana** (Eingang Piazza della Navicella): Die großen Pluspunkte dieses Parks: ein richtiger, gut ausgestatteter **Kinderspielplatz** mit Schaukeln und Klettergerüsten und einladend schöne **Radwege**.

3 **Villa Sciarra** (Eingang Via Calandrelli): Hier gibt es **Sträucher in Fantasieformen** und ein großes **Vogelhaus** zu bewundern. Der Park ist wegen seines abwechslungsreichen Spielgeländes bei den Römern sehr beliebt.

5 **Orto Botanico**: Der **Botanische Garten** liegt hinter dem Palazzo Corsini (Largo Cristina di Svezia, 24; Öffnungszeiten: Mo.-Sa. 9-18.30). Mit über 3.500 Pflanzensorten ist er einer der größten in Europa. Wer sich für fleischfressende Pflanzen, Orchideen oder einen „Seifen-Baum", dessen Blätter schäumen, wenn sie nass werden, interessiert, ist in diesem „Garten der Düfte" genau richtig.

ZOO

Seit dem Jahr 1911 verfügt auch Rom über einen Zoo (Öffnungszeiten: Di.-So. 8.30-16.30). Er befindet sich in den Parkanlagen der Villa Borghese. Hier werden 1.000 Tierarten zur Schau gestellt. Im Zoo gibt es auch ein Krankenhaus für Vögel und ein sehr interessantes zoologisches Museum (**MUSEO DI ZOOLOGIA**: Viale del Giardino Zoologico, 20; Tel. 06-3216586; Öffnungszeiten: Mo.-So. 8.30-13/14.30-17).

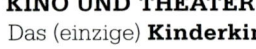

KINO UND THEATER

Das (einzige) **Kinderkino** in Rom ist das **Cinema dei Piccoli** im Park der Villa Borghese. Die besten römischen **Kindertheater** sind das **Teatro Ruotalibera** (Via Flavio Stilicone, 134), das **Teatro Le Maschere** (Via A.Saliceti, 1/3), das Theater **Le Cumari** (Via Alessandria, 37) und das Theater **Il Triangolo Scaleno** (Via Ennio Quirino Visconti, 55). Fans von **Puppen- und Marionettentheater** können sich Aufführungen in den Theatern **Il Torchio** (Via Emilio Morosini, 16), **Teatro degli Accettella** (Piazza Gondar, 22), **Nuova Opera dei Burattini** (Largo Cristina di Svezia, 12) und im Freilufttheater **Teatrino di Pulcinelle** im Gianicolo-Park angucken. Ihr werdet begeistert sein!

SPIELE

Die Kinder im antiken Rom spielten einfache Brett- und Würfelspiele, Spiele mit Reifen oder Kreiseln, Puppenspiele oder Ballspiele (wozu man eine aufgeblasene Schweinsblase benutzte). Hier aber ein paar Spiel-Tipps, die euch zum Nachmachen anregen sollen:

Das Knöchelspiel: Dazu verwendeten die römischen Kinder in der Antike Zehenknöchel von Schafen. Ihr aber benützt am besten Ton- oder Holzstückchen. Ein Spieler wirft die „Knöchelchen" hoch und versucht, so viele wie möglich auf seinem Handrücken aufzufangen. Dann ist der Nächste an der Reihe. Wer die meisten auffängt, hat gewonnen.

Micare: Das Spiel geht so: Ein Spieler versteckt seine rechte Hand hinter dem Rücken, dann, auf ein Zeichen,

bewegt er schnell die Hand nach vorne und zeigt mit den Fingern eine Zahl. Die anderen müssen sagen, wieviel Finger zu sehen sind. Wer als erster richtig rät, gewinnt, ansonsten geht's wieder von vorne los.

Das Topfspiel: Einer von euch ist der „Topf" und sitzt auf dem Boden. Die anderen versuchen, den „Topf" zu stoßen oder zu kneifen, ohne sich dabei fangen zu lassen. Wer festgehalten wird, nimmt die Stelle des „Topfes" ein.

SPORT

Fahrradfahren: Fahrräder könnt ihr in Rom natürlich auch leihen, z.B. an der **Piazza di Spagna** (Vicolo del Bottino, Ein-/Ausgang U-Bahn-Station), an der **Piazza Navona** (Piazza Navona, 68), in der **Via del Corso** (P.zza San Lorenzo in Lucina), am **Campo de' Fiori** (Via del Pellegrino, 82) oder im Park der **Villa Borghese** (Parkhaus Villa Borghese, Eingang Porta Pinciana). Wie gesagt, einige der oben erwähnten Parkanlagen sind mit guten Radwegen ausgestattet. Wer eine längere Radtour unternehmen möchte, dem sei der Radweg am Tiber empfohlen. Vom Stadtteil Prati kann man 16 km den Fluss entlang Richtung Norden fahren. In der Stadt ist Rad fahren angesichts des chaotischen Verkehrs nicht empfehlenswert!

Fußball: Rom besitzt zwei große Fußballclubs, die beide in der italienischen Bundesliga, der „Serie A", spielen. Der **AS Roma** und **Lazio Roma** bestreiten ihre Spiele im **Stadio Olimpico**, dem römischen Olympiastadion (in Rom fanden 1960 Olympische Spiele statt). Karten für die Spiele und sämtliche Fanartikel gibt es jeden Sonntag am Olympiastadion. Ein gut ausgestattetes Sportgeschäft mit großem Sortiment an Fußballartikeln befindet sich im Corso Vittorio Emanuele II., 91. Wenn ihr selbst Fußball spielen wollt, geht ihr am besten in einen der Parks und schließt euch einer Mannschaft an. Keine Scheu: Italiener sind 'fußballverrückt', und zum Mitkicken ist jeder herzlich willkommen.

Hotels, Pensionen und Klöster

Wer die Wahl hat, hat die Qual: Über 1.000 Beherbergungsbetriebe stehen den Touristen zur Verfügung. Für jeden Wunsch und Bedarf hält Rom etwas bereit, ob klösterlich-einfach oder luxuriös. Dabei verfügen selbst kleine Pensionen oft über Eingangshallen mit Marmorfußböden. Luxus-Hotels dagegen warten auf mit freskengeschmückten Sälen, mit exotischen Wintergärten und mit Samt und Brokat ausgestatteten Zimmern. Wer Glück hat, erwischt ein Zimmer im Obergeschoss mit tollem Ausblick - und schaut in der Morgensonne von der Frühstücksterrasse über die Dächer Roms!
Kostenlose Hotelreservierungen gibt es in der Via della Tribuna di Tor de'Specchi, 18/a (Tel. 06-6991000), am Hauptbahnhof, am Flughafen 'Leonardo da Vinci', und an der Autobahn A1 - Raststätte 'Tevere Ovest'.

HOTELS

Luxus: (Doppelzimmer ab 350 DM)

1 **HOTEL FORUM** (V. Tor dei Conti, 25; Tel. 06-6792446/FAX 06-6786479): herrlicher Blick auf das Forum Romanum

6 **HOTEL RAPHAEL** (Largo Febo, 2; Tel. 06-682831/ FAX 06-6878993): mit atemberaubender Dachterrasse

8 **HOTEL SOLE AL PANTHEON** (V. del Pantheon, 63; Tel. 06-6780441/FAX 06-69940689): gab es schon 1467; jedes Zimmer trägt den Namen eines berühmten Gastes (u.a. Ariost, Sartre, de Beauvoir)

HOTEL D'INGHILTERRA (V. Bocca di Leone, 14; Tel. 06-69981/FAX 06-69922243): in der Nähe der **Piazza della Rotonda**; mit wunderschönem Speiseraum; Gäste waren u.a. Ernest Hemingway, Mark Twain, Franz Liszt, Alec Guiness

13 **HOTEL COLUMBUS** (V. della Conciliazione, 33; Tel. 06-6865435/FAX 06-6864874): im Renaissance-Palazzo

HOTEL ATLANTE STAR (V. Vitelleschi, 34; Tel. 06-6873233/FAX 06-6872300): nicht weit vom **Vatikan**

Mittelklasse: (Doppelzimmer ab 200 DM)

2 **CELIO** (V. S.S. Quattro, 35/c; Tel. 06-70495333/ FAX 06-7096377)

DELTA (V.Labicana, 144; Tel. 06-770021/FAX 06-7005781): beim **Forum Romanum**; mit Swimming-Pool

5 **CAMPO DE' FIORI** (V del Biscione, 6;
Tel. 06-68806865/FAX 06-6876003)
PORTOGHESI (V. dei Portoghesi, 1; Tel. 6864231/
FAX 06-6876976): nahe der **Piazza Navona**
SANTA CHIARA (V. Santa Chiara, 21;
Tel. 06-6872979/FAX 06-6873144): beim **Pantheon**
10 **SCALINATA DI SPAGNA** (P.zza Trinità dei Monti, 17;
Tel. 06-6793006/FAX 06-69940598): Dachgarten mit tollem Ausblick
11 **LOCARNO** (V. della Penna, 22; Tel. 06-3610841/
FAX 06-3215249): Art-Deco-Haus mit stilgerechter Ausstattung
CARRIAGE (V. delle Carozze, 35; Tel. 06-6990124/
FAX 06-6788279): bei der **Piazza di Spagna**
INTERNAZIONALE (V. Sistina, 79; Tel. 06-69941823/
FAX 06-6784764): nahe **Piazza di Spagna**
VILLA SAN PIO (V. Sant'Anselmo, 19;
Tel. 06-5745174/FAX 06-5783604): herrlicher Garten
SANT'ANNA (V. Borgo Pio, 134; Tel. 06-68801602/
FAX 06-68308717): beim **Vatikan**
MARGHERA (V.Marghera, 29; Tel. 06-4457184/
FAX 06-4462539)
DEGLI ARANCI (V. B. Oriani, 11; Tel./FAX 06-8070202):
Terrasse mit Apfelsinenbäumen

<u>Preiswerte Unterkünfte:</u> (Doppelzimmer ab 80 DM)
4 **SOLE** (V. del Biscione, 76; Tel. 06-68806873/
FAX 06-6893787)
ARENULA (V. S.Maria dei Calderari, 47;
Tel. 06-6879454/FAX 06-6896188): beim **Campo de' Fiori**
7 **NAVONA** (V. dei Sediari, 8; Tel. 06-6864203/
FAX 06-68803802): ideal für Familien
9 **HOTEL ABRUZZI** (P.zza della Rotonda, 69;
Tel. 06-6792021): wunderbarer Blick auf das Pantheon
FORTE (V. Margutta, 61; Tel. 06-3207625): bei der **Piazza di Spagna**
12 **HOTEL DELLA CONCILIAZIONE** (Borgo Pio, 163-165;
Tel. 06-6867910/FAX 06-68801164)
BRAMANTE (Vicolo delle Palline, 24;
Tel. 06-68806426/FAX 06-6879881): beim **Vatikan**
PRATI (V. Crescenzio, 89; Tel. 06-6875357/
FAX 06-68806938): in der Nähe des **Vatikan**
14 **AVENTINO** (V. San Domenico, 10; Tel. 06-5743547/
FAX 06-5783604)

③ **CASA KOLBE** (V. S.Teodoro, 44; Tel. 06-6794974/ FAX 06-69941550): im Sommer gibt's Frühstück im Garten
CONTINENTALE (V. Palestro, 49; Tel. 06-4450382/ FAX 06-4452629): Bahnhofsnähe
HARMONY (V. Palestro, 13; Tel. 06-486738/ FAX 06-4743904): Bahnhofsnähe

PRIVATE APPARTEMENTS UND ZIMMER

BED & BREAKFAST ITALIA (Palazzo Sforza Cesarini - Corso V.Emanuele II., 282; Tel. 06-6878618/ FAX 06-6878619): Unterkunft in Einzelzimmern oder Mini-Appartements bei Familien, mit Frühstück (günstige Preise)
BED&BREAKFAST ASSOCIATION OF ROME (Piazza del Teatro di Pompeo, 2; Tel./FAX 06-68744881)
BED AND GO (Via San Tommaso d'Aquino, 47; Tel. 06-39746484/FAX 06-39750907)

KLÖSTER

ORDINE TEUTONICO (V. Nomentana, 421, Tel. 06-86218012/862110480): deutsche Ordensschwestern
RESIDENZA MADRI PIE (V. Alcide De Gaspari, 4; Tel. 06-631967/FAX 06-631989): italienische Schwestern, sehr freundlich und hilfsbereit
Zimmer in Klöstern vermittelt das **Deutsche Pilgerbüro** (V. della Conciliazione, 51; Tel. 06-6897197/ FAX 06-6869490) oder das **Informationsbüro des Vatikan** (auf der Südseite des Petersplatzes; Tel. 06-69881662/FAX 06-69881694)

JUGENDHERBERGEN

OSTELLO DEL FORO ITALICO (Viale delle Olimpiadi, 61; Tel. 06-3236279/FAX 06-3242613)
MARELLO (V. Urbana, 50; Tel. 06-4825361/ FAX 06-4819743)

CAMPING

in Rom:
FLAMINIO (V. Flaminia, 821; Tel. 06-3332604/ FAX 06-3330653; geöff. vom 1.3.-31.12, mit Schwimmbad)

ROMA (V. Aurelia, 831;Tel. 06-6623018/FAX 06-66418147; ganzjährig geöffnet)

am Stadtrand:
CAPITOL (Ostia Antica, Località Casal Palocco; Tel. 06-5657344/FAX 06-5652143; ganzjährg geöffnet, mit Schwimmbad),
FABULOUS (Acilia, V. Cristoforo Colombo, km 18; Tel./FAX 06-5259354, ganzjährig geöffnet, mit Schwimmbad),
SEVEN HILLS (V. Giustiniana, V.Cassia, 1216; Tel. 06-30310826/FAX 06-30310039; ganzjährig geöffnet, mit Schwimmbad),
NOMENTANA (V. Cesarina, 2; Tel. 06-41400296; geöffnet vom 1.3-31.10.)

Essen in Rom

In Italien legen die Menschen im allgemeinen großen Wert auf gutes Essen. Dabei nehmen sie sich sowohl für das Mittagessen (italienisch „pranzo") als auch für das Abendessen (italienisch „cena") meist sehr viel Zeit. Die benötigt man für die mehrgängige Speisenfolge auch. In Sachen Essen bildet Rom keine Ausnahme - im Gegenteil. Die Römer gehen sehr gerne aus, um in Restaurants, Trattorien (das sind kleine, eher preiswerte Gasthäuser) und Pizzerien in der Stadt zu speisen. Obwohl es davon eine Unmenge gibt, sind viele Lokale zu Mittag und am Abend von Einheimischen und auch Touristen sehr gut besucht. Und das zu jeder Jahreszeit. Weil man in den Pizzerien in der Regel nicht reservieren kann, sieht man abends und bei kühlem Wetter hungrige Gäste des öfteren in einer Schlange vor Lokalen stehen - ein untrügliches und vielversprechendes Zeichen für hervorragende

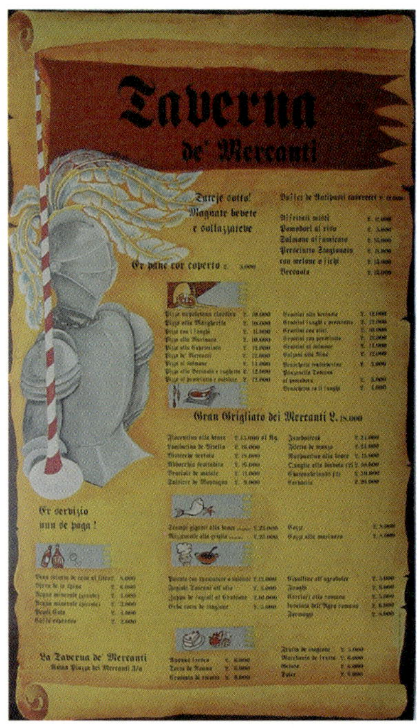

Pizzas. Die Warterei wird sich hier bestimmt lohnen! Der römische Sommer bietet ein ganz anderes Bild. Man sitzt vor allem draußen, in den Gärten der Lokale, oder vor den Gaststätten, an romantischen Plätzen der Stadt oder einfach an einer Straße.

Im antiken Rom kochten die armen Menschen in den Mehrfamilienhäusern kaum zu Hause. Wie ihr bereits erfahren habt, waren Feuerstellen in den sogenannten „insulæ" unerhört gefährlich. Daher gab es zahlreiche sogenannte „Garküchen" in den Straßen, die meist die ganze Nacht geöffnet hatten. Wie in heutigen Imbiss-Ständen, konnten sich die Römer dort fertig zubereitete Speisen kaufen. Weniger zahlreich waren Esslokale und Gasthäuser, die jedoch viel Unterhaltung boten. Während der Mahlzeiten wurde der Gast mit Musik, Tanz und Gesang verwöhnt. Auch Theateraufführungen und Lottoziehungen fanden in diesen Luxus-Restaurants statt.

Die römische Küche hält eine Vielzahl von Spezialitäten bereit. Einige der typischen Gerichte sind sehr deftig. Dazu gehören Kutteln (*Trippa alla romana*), Ochsenschwanz (*Coda alla vaccinara*), ein Gericht aus Herz und Lunge mit Artischocken (*Coratella*) oder die berühmte Kalbshaxe (*Ossobuco*). Wer weniger Ausgefallenes vorzieht, dem seien Huhn (*Pollo alla diavola*), Spanferkel (*Maialino al latte*), Lamm (*Abbacchio*) oder selbstverständlich die vielen leckeren Nudelgerichte empfohlen. Eine besondere Spezialität der römischen Küche sind „fettuccine", das sind Bandnudeln, die in vielen Restaurants und Trattorien hausgemacht werden. Von der jüdischen Küche haben die Römer gebackenes Gemüse (*Fritto di verdura*), Bohnensuppe mit

Nudeln (*Pasta e fagioli*), kleine Kartoffelbällchen (*Gnocchi*) und den Stockfisch (*Baccalà*) übernommen. Ansonsten steht das „Allheilmittel“ Pizza zur Verfügung. In fast allen Straßen und auf den Plätzen Roms befindet sich mindestens eine Pizzeria, die die leckeren, runden Teigscheiben in unzähligen Sorten und Größen zubereitet.

Essen in der Antike

Bereits im alten Rom wurde viel Zeit aufs Essen verwendet. Das galt aber nur für die Familien der reichen Bürger. Je nachdem, wie wohlhabend die Familie war, wurde das Essen von Sklaven oder von den Ehefrauen und Töchtern zubereitet. Gewöhnlich speisten die Römer dreimal am Tag: Frühstück (*ientaculum*), ein kleines Mittagessen (*prandium*) und das Hauptessen, die *cena*. Da die Arbeit der reichen Römer sich auf den Vormittag beschränkte, gehörte der Nachmittag ganz der *cena*. Die Hauptmahlzeit des Tages begann etwa um vier Uhr nachmittags. Mit ihren verschiedenen Gängen konnte sie sich über mehrere Stunden hinziehen.

Den Reichen stand eine große Auswahl an Leckereien und Spezialitäten aus aller Welt zur Verfügung: Wein aus Griechenland, Birnen aus Syrien, Schinken aus Gallien, Austern aus Britannien, Zimt aus China, Gewürze aus Indonesien, Flamingos und Papageien - das alles landete auf den Tischen der Feinschmecker. Die Vorspeisen bestanden aus Salat, Eiern, Schnecken oder Fisch. Das Hauptgericht war Fleisch vom Kalb, vom Rind, vom Wild oder auch Fisch und Meeresfrüchte. Danach gab es noch Obst, gefüllte Datteln und Honigtaschen.

Bei der Zubereitung der Speisen zeigte man sich sehr erfinderisch, aber nicht immer feinfühlig. So wurden zum Beispiel Tauben die Beine gebrochen, um sie am Fliegen zu hindern. Dadurch hatten sie eine Menge Kalorien verloren. Schnecken aber durften aus Milchschalen trinken, bis sie fett genug waren, um verspeist werden zu können. Das älteste bekannte Kochbuch der Antike verfasste Apicius zu Zeiten des Kaisers Tiberius. Hier sind 138 (!) Saucen für Weizengerichte beschrieben. Eine besondere Vorliebe zeigten die Römer für Honig. Was uns heute Senf oder Ketschup sind, das war für die Einwohner Roms der Honig, mit dem sie viele Speisen versüßten.

Die wohlhabenden Römer aßen halb liegend, halb sitzend auf einem Sofa mit drei Plätzen. Sie benutzten meist die Finger, ab und zu auch Löffel, mit denen sie die Speisen aus Keramiktellern und Schalen holten. Gabeln waren damals noch unbekannt, und Messer wurden nur selten eingesetzt. Die Hände wuschen sie während der Mahlzeit in Schälchen, die mit Wasser und Blütenblättern gefüllt waren.
Der berühmteste Feinschmecker der Stadt ist euch sicher ein Begriff. Er hieß Lucius Licinus Lucullus, ein reicher Feldherr, der im 1. Jahrhundert v. Chr. lebte. Einen ausgewiesenen Schlemmer nennt man ja auch heute noch im Deutschen „Lukullus". Wenn dieser antike Lucullus darauf angesprochen wurde, wo er denn am liebsten essen würde, gab er stets zur Antwort: „Wusstest du nicht, dass Lucullus bei Lucullus speist?!"

Immer wieder luden sich reiche Familien gegenseitig zum Essen ein und veranstalteten wahre „Fressorgien". Während eines „Gelages", das viele Stunden dauern konnte und bei dem den Gästen sämtliche Leckereien im Überfluss serviert wurden, sorgten Sklaven für Unterhaltung. Sie musizierten, jonglierten und traten als Geschichtenerzähler auf. Diese „Fressorgien" waren so verbreitet und ausschweifend, dass sich die römische Stadtregierung gezwungen sah, sie durch ein Gesetz einzuschränken. So durften von 186 v.Chr. bis 200 n.Chr., das sind beinahe 400 Jahre, die reichen Römer Essgelage dieser Art nur in ihren Privathäusern veranstalten.

Die weniger begüterten Menschen in der Stadt, und das war die überwiegende Mehrheit, mussten ihr Mahl auf Hirsesuppe mit Brot, Bohnen oder auf einen Haferbrei aus Getreide und Gemüse beschränken. Dazu aßen sie Feigen oder Oliven. Nur selten gab es Fleisch, und wenn, dann vom Schwein. Auch Obst gehörte kaum zum Speiseplan. Die damals gängigen Obstsorten, Feigen, Äpfel, Birnen und Pflaumen, waren sehr teuer. Rund ein Drittel der Römer lebte unterhalb des Existenzminimums und war auf die Brot- und Getreiderationen des Staates angewiesen. „Brot und Spiele" lautete daher das Motto der Kaiser. Sie verteilten während der Zirkusspiele immer wieder Brot und Getreide, um das Volk zufriedenzustellen.

RESTAURANTS UND TRATTORIE

① **CORSI** (V. del Gesù, 88; Tel. 06-6790821)

② **AL POMPIERE** (V. Santa Maria dei Calderari, 38; Tel. 06- 6868377): römisch-jüdische Küche

③ **MARIO'S** (P.zza del Grillo, 9; Tel. 06-6793725)

④ **LA POLLAROLA** (P.zza della Pollarola, 24-25; Tel. 68801654)

⑤ **TAVERNA DEL CAMPO** (P.zza Campo de'Fiori, 39; Tel. 06-6874402)

AR GALLETTO (P.zza Farnese, 102; Tel. 06-6861714): beim **Campo de' Fiori**

GIULIO (V. della Barchetta, 19): nahe **Campo de' Fiori**

⑥ **CUL DE SAC** (P.zza Pasquino, 73; Tel. 06-68801094)

⑦ **BUCO** (V. di Sant'Ignazio, 8; Tel. 06-6793298)

⑧ **FIASCHETTERIA BELTRAME** (V. della Croce, 39)

⑨ **AL MORO** (Vicolo delle Bollette, 13; Tel. 06-6783495)

AL 34 DI VIA MARIO DE'FIORI (V. Mario de'Fiori, 34; Tel. 06-6795091): bei der **Piazza di Spagna**; 30 versch. Nudelgerichte

MARIO (V. della Vite, 55; Tel. 06-6783818): nahe **Piazza di Spagna**

⑩ **TABERNA DEI GRACCHI** (V. dei Gracchi, 264; Tel. 06-3213126)

⑪ **IL MOZZICONE** (Borgo Pio, 180; Tel. 06-6861500)

ALFREDO A SAN PIETRO (V. dei Corridori, 60/62; Tel. 06-6869554): beim **Vatikan**; „König“ der fettuccine (hausgemachte Bandnudeln)

LA TAVERNA DA GIOVANNI (V. del Banco Spirito, 58; Tel. 06-6864116): in der Nähe des **Vatikan**
HOSTERIA AL FALCO (V. del Falco, 20; Tel. 06-6867769): beim **Vatikan**
MICCI (V. A.Doria, 55; Tel. 06-39733208): nahe **Vatikan**
12 **L'ASINOCOTTO** (V. dei Vascellari, 48; Tel. 5898985)
13 **TAVERNA DE'MERCANTI** (P.zza dei Mercanti, 3; Tel. 06-5881693)
AL 16 DEL PORTICO D'OTTAVIA (V. Portico d'Ottavia, 16; Tel. 06-6874722): nicht weit von **Trastevere**
GIGGETTO (V. Portico d'Ottavia, 21/a; Tel. 06-6861105): nahe **Trastevere**
DITIRAMBO (P.zza della Cancelleria, 74/75; Tel. 06-6871626)
PULCINELLA (V. Urbana, 11; Tel. 06-4743310)
TAVERNELLE (V. Panisperna, 48; Tel. 06-4740724)
PICCOLO ARANCIO (Vicolo di Scanderbeg, 112; Tel. 06-6786139)
CHECCHINO DAL 1887 (V. di Monte Testaccio, 30; Tel. 06-5743816)

PIZZERIE (UND ANDERES)

Pizzerie:

1 **LE CARRETTE** (Vicolo delle Carrette, 14; Tel. 06-6792770)
2 **MASSENZIO** (Largo Corrado Ricci, 5/6; Tel. 06-6790706)
9 **IL BOSCAIOLO** (V. degli Artisti, 37; Tel. 06-4884023)
LA CAPRICCIOSA (Piazzale Gardenie, 26; Tel. 06-2426412): bei der **Piazza di Spagna**; Erfinderin der gleichnamigen Pizza
12 **ROMA SPARITA** (P.zza Santa Cecilia, 24; Tel. 06-5800757)

⑩ **SAN MARCO** (V. Tacito, 29; Tel. 06-3235596)
⑬ **IVO IN TRASTEVERE** (V. di San Francesco a Ripa, 158; Tel. 06-5817082): viele Jugendliche
DAR POETA (Vicolo del Bologna, 45/46; Tel. 06-5880516): nahe **Trastevere**
ER BUCO A FONTANA DI TREVI (V. del Lavatore, 91; Tel. 06-69200051)

Sonstige:

③ **FORNO DI CAMPO DE'FIORI** (Campo de'Fiori, 22/a): die älteste Bäckerei in Rom, mit leckerem Nussbrot
④ **VIOLA** (Campo de'Fiori, 43): 60 (!) versch. Wurstsorten
BRUSCHETTERIA DEGLI ANGELI (P.zza B.Cairoli, 2/a): beim **Campo de' Fiori**
⑤ **VOLPETTI** (V. Scrofa, 32): Essen im Stehen
⑥ **FIOCCO DI NEVE** (V. del Pantheon, 51)
⑦ **ER FACIOLARO** (V. Pastini, 122/123)
⑧ **VANNI** (V. Frattina, 94)
⑪ **LILLI** (V. Tor di Nona, 26)
⑭ **PIADINE** (V. dei Vascellari, 22)
LA BUCA DI RIPETTA (V. di Ripetta, 36)

BARS UND LECKEREIEN

Rom ist aber auch die Stadt der Cafés und Bars, in der außer gutem Kaffee auch leckeres Gebäck und feine Törtchen angeboten werden. Dabei war noch im 16. Jahrhundert der Genuss von Kaffee für die Kirche eine „Tat des Teufels“, weil dieses Getränk aus Arabien stammte. Die Araber gehören der Religion des Islam an. Im gesamten Mittelalter wurden sie von den Christen als Feinde angesehen und in etlichen sogenannten „Kreuzzügen“ bekriegt. Papst Klemens VIII. löste den „Kaffee-Bann“ zu Beginn des 17. Jahrhunderts und meinte: „Dieses Satansgetränk ist zu köstlich ... wir werden es taufen und so den Teufel um seinen Sieg bringen“.

Bars

CAFFÈ FARNESE (V. dei Baullari, 106): beim **Campo de' Fiori**; köstlicher Kuchen
⑤ **ANTICO CAFFÈ DELLA PACE** (V. della Pace, 5): gute Schoko-Desserts, Treffpunkt für Künstler und Schriftsteller
⑦ **TAZZA D'ORO** (V. degli Orfani, 82/84): toller Kaffee für eure Eltern

⑧ **ANTICO CAFFÈ GRECO** (V. Condotti, 86): historisches Café, seit 1760, beliebt bei Künstlern und Literaten, auch „deutsches Café“ genannt (hier verkehrten Goethe, Wagner, Liszt, aber auch Buffalo Bill!)

ALEMAGNA (V. del Corso, 181): nahe **Piazza di Spagna**; mit vielen Spiegelwänden, gute Kuchen und Eis, seit 1870

Leckereien

② **LA DOLCEROMA** (V. del Portico d'Ottavia, 20/b)
③ **BERNASCONI** (Piazza Cairoli)
⑫ **CORNETTERIA** (Viale Trastevere)
RUSCHENA (Lungotevere dei Mellini, 1)

Eisdielen

Eis sollte man möglichst nicht in der Bar, sondern in einer „Gelateria“, einer Eisdiele, kaufen. Hier wird es hergestellt und schmeckt besser. In Rom befinden sich einige der besten Eisdielen Italiens, die bis zu 104 (!) verschiedene Sorten Eis anbieten.

① **GELATERIA COLOSSEO** (P.zza del Colosseo)
④ **TRE SCALINI** (P.zza Navona, 28): Spezialität 'tartufo al cioccolato'
⑥ **GIOLITTI** (V. Uffici del Vicario, 40): bestes Eis in Rom
DELLA PALMA (V. della Maddalena, 20): beim **Pantheon**; Riesenauswahl
⑨ **PELLACCHIA** (V. Cola di Rienzo, 103/107)
⑩ **PALAZZO DEL FREDDO** (V. Vespasiano, 56/a)
⑪ **SACCHETTI** (P.zza San Cosimato, 62): Eisdiele mit guter Konditorei
SAN FILIPPO (V. di San Filippo, 2/10)
IL GELATO DI SAN CRISPINO (V. della Panetteria, 42)

Kleiner Sprachführer

Guten Morgen, guten Tag!	*Buon giorno! (buon dschorno)*
Guten Abend!	*Buona sera!*
Auf Wiedersehen!	*Arrivederci! (arriveder-tschi)*
Ja, nein!	*Si, no!*
Entschuldigung!	*Scusi!*
Bitte (um einen Gefallen)!	*Per favore!*
Bitte (Antwort auf Danke)!	*Prego!*
Danke!	*Grazie!*
Sprechen Sie deutsch?	*Parla tedesco?*
Ich verstehe nicht!	*Non capisco!*
Wo ist ...	*Dov'è ... (dowe)*
... die Straße ... ?	*... la via ... ?*
... das Museum ...?	*... il museo ... ?*
... die Kirche ... ?	*... la chiesa ... ? (la ki-esa)*
links, rechts, geradeaus	*a sinistra, a destra, a diritto*
oben, unten	*sopra, sotto*
heute	*oggi (odschi)*
gestern	*ieri*
morgen	*domani*
Ich möchte ...	*Vorrei ...*
Was kostet das?	*Quanto costa? (kwanto costa)*
Wo ist die Toilette, bitte?	*Dov'è il bagno, per favore? (dowe il bajno, per fawore?)*
Das hier...	*Questo... (kwesto)*
Hilfe!	*aiuto! (a-juto)*
groß, klein	*grande, piccolo*
heiß, kalt	*caldo, freddo*
genug!	*basta!*
offen, geschlossen	*aperto, chiuso (ki-uso)*
Eingang, Ausgang	*entrata, uscita (uschita)*
Postkarte	*cartolina (kar-tolina)*
Briefmarken	*francobolli (franko-bolli)*
Busfahrkarte	*biglietto per il bus (bil-jetto per il bus)*
Haltestelle	*fermata*
umsteigen	*cambiare*

Montag	*lunedi*
Dienstag	*martedi*
Mittwoch	*mercoledi*
Donnerstag	*giovedi (dscho-wedi)*
Freitag	*venerdi*
Samstag	*sabato*
Sonntag	*domenica*

Januar	*gennaio (dsche-naio)*
Februar	*febbraio*
März	*marzo*
April	*aprile*
Mai	*maggio (ma-dscho)*
Juni	*giugno (dschun-jo)*
Juli	*luglio (lul-jo)*
August	*agosto*
September	*settembre*
Oktober	*ottobre*
November	*novembre (no-wembre)*
Dezember	*dicembre (di-tschembre)*

1	*uno, una*
2	*due*
3	*tre*
4	*quattro (kwat-tro)*
5	*cinque (tschink-we)*
6	*sei*
7	*sette*
8	*otto*
9	*nove (no-we)*
10	*dieci (dje-dschi)*
20	*venti*
30	*trenta*
40	*quaranta (kwa-ranta)*
50	*cinquanta (dschink-wanta)*
60	*sessanta*
70	*settanta*
80	*ottanta*
90	*novanta*
100	*cento (tschen-to)*
200	*duecento (due-tschen-to)*
500	*cinquecento (tschinkwe-tschen-to)*
1000	*mille*
10.000	*diecimila (dje-tschi-mila)*

Ich möchte bestellen, bitte!	*Vorrei ordinare, per favore!*
ein Glas ...	*un bicchiere di ...* *(un bik-kjere di)*
ein Teller ...	*un piatto di ...*
eine Flasche...	*una bottiglia di...* *(una bottil-ja di)*
Messer, Gabel	*coltello, forchetta (forket-ta)*
Löffel	*cucchiaio (kukki-jai-o)*
trinken	*bere*
essen	*mangiare (man-dschare)*
Vorspeisen	*antipasti*
Gemüsesuppe	*minestra*
Fleisch	*carne*
Steak	*bistecca (bistek-ka)*
Schnitzel	*scaloppina (skalop-pi-na)*
Huhn	*pollo*
Wurst	*salsiccia (sal-si-tscha)*
Fisch	*pesce (pesche)*
Tintenfische	*calamari (kala-mari)*
Thunfisch	*tonno*
Gemüse	*verdura (wer-du-ra)*
Kartoffeln	*patate*
Pommes frittes	*patatine fritte*
gemischter Salat	*insalata mista*
Tomaten	*pomodori*
Nudeln	*pasta*
Reis	*riso*
Nachtisch	*dessert, dolce (dol-tsche)*
Pudding	*budino*
Eis	*gelato (dsche-la-to)*
Fruchtsalat	*macedonia (ma-dsche-donia)*
Käse	*formaggio (for-ma-dscho)*
Sahne	*panna*
Obst	*frutta*
Apfel	*mela*
Banana	*banana*
Erdbeeren	*fragole*
Mineralwasser	*acqua minerale* *(akwa minerale)*
Fruchtsaft	*succo di frutta (suk-ko di frutta)*
Orangen-Limonade	*aranciata (a-ran-tschata)*

Milch	*latte*
Brot	*pane*
Brötchen	*panini*
Kuchen	*torta*
Gebäck	*paste, dolci (dol-tschi)*
Butter	*burro*
Marmelade	*marmellata*
Honig	*miele (mi-jele)*
Salz	*sale*
Pfeffer	*pepe*
Zucker	*zucchero (zuk-kero)*
Ei	*uovo (u-owo)*

Glossar (Begriffserklärungen)

Antike
Das Wort kommt vom lateinischen "anticus" (alt) und bezeichnet eine europäische Geschichtsepoche. Die Zeitspanne umfasst die Entstehung der griechischen Kultur und ihre Blütezeit sowie das Zeitalter des römischen Reiches. Die Antike erstreckt sich vom 2. Jahrtausend v. Chr. bis zum Ende des römischen Reiches im Jahr 476 n. Chr.

Apsis
Apsis heißt der nischenartige, meist halbrunde Raum der Kirche, der ihrem Hauptraum angefügt ist.

Aquädukt
Das Aquädukt ist eine von den Römern erfundene künstliche, meist oberirdische Wasserleitung. Das Wasser wird über größere Strecken, über Täler und Ebenen hinweg von einer Quelle bis in die Städte transportiert. Ermöglicht wird dies durch ein gleichbleibend leichtes Gefälle. Das Wasser fließt in einen Wasserkanal, der in der Regel aus mehrstöckigen steinernen Bogenbrücken besteht.

Architektur = Baukunst; **Architekt** = Baumeister

Baldachin
Baldachin hieß ursprünglich eine aus Bagdad (im heutigen Irak) stammende kostbare Seide. Daher wurde zunächst

der Stoffhimmel, der von vier Stangen gehalten wurde, mit diesem Begriff bezeichnet. Für die Baukunst wurde der Name Baldachin für die feste Überdachung eine Altars oder einer Statue übernommen.

Barock
Das Wort Barock stammt eigentlich aus dem Portugiesischen und bedeutet "unregelmäßige Perle". Dieses Wort wurde ins Französische übernommen, um damit eine Kunstrichtung zu bezeichnen: "baroque" - "schiefrund", "ausgefallen". Der Barock ist eine Kunstepoche, die im 16. Jahrundert von Italien ausging und sich in ganz Europa verbreitete. Er entwickelte den Stil der Renaissance weiter. In der Baukunst, der Bildhauerei und der Malerei produzierte man kraft- und schwungvolle Formen. Ob Wände, Statuen oder gemalte Figuren, sie scheinen alle in Bewegung und wirken sehr körperlich. Wenn man barocke Gemälde betrachtet, hat man oft den Eindruck, die Figuren wären lebendig und man könnte - und möchte - sie anfassen.

Basilika (in der Mehrzahl Basiliken)
Basiliken waren im antiken Rom große Gebäude, die vielerlei Zwecken dienten. Sie wurden als Markt- und Gerichtshallen oder von den Kaisern als Empfangsraum genutzt. Für die frühen großen Kirchen der Christen in Rom wie die Lateransbasilika oder Santa Maria Maggiore wurde die Form der antiken Basilika übernommen. Die christliche Basilika geht damit auf antike Bauformen zurück.

Forum (in der Mehrzahl Foren) war ein offener Platz, der für gesellschaftliche oder politische Versammlungen oder als Markt genutzt wurde.

Heilige
Heilige sind Menschen, die aufgrund ihrer herausragenden religiösen Tugend, oder weil sie für ihren Glauben den Märtyrertod erlitten haben (s. Begriffserklärungen), von der katholischen Kirche heilig gesprochen wurden. Heilig sind die Mutter Gottes - Maria, die Apostel, oder Märtyrer, wie der heilige Sebastian oder die heilige Cäcilia. Jedes Jahr spricht der Papst zahlreiche Menschen heilig. Die Voraussetzung allerdings ist, dass diese Menschen bereits verstorben sind.

Kreuzgang
Der Kreuzgang ist ein Teil des Klosters. Er ist ein überdachter Gang, der einen meist quadratischen Hof (Garten mit Brunnen) umschließt. Der Kreuzgang wird in Mittelalter und Barock von zumeist sehr schön gearbeiteten Säulen begrenzt und war ursprünglich nur den Ordensmitgliedern zugänglich. Er war als Ort des Gebetes und der Sammlung gedacht.

Märtyrer
Märtyrer werden Menschen genannt, die für ihren Glauben auch schweres körperliches Leid oder den Tod auf sich genommen haben.

Philosophie
Seinem griechischen Ursprung nach bedeutet "Philosophie" Weisheit oder Wissensliebe. Philosophen sind Denker, die sich mit dem Wesen der Dinge auseinandersetzen. In Europa wurde die Philosophie im antiken Griechenland begründet. Bekannte griechische Philosophen sind Sokrates, Platon und Aristoteles.

Renaissance
(vom italienischen "rinascità" - "Wiedergeburt")
Mit diesem Wort bezeichnet man allgemein einen geschichtlichen Zeitraum, besonders aber eine Kunstepoche, die sich in Italien Anfang des 15. Jahrhunderts herausbildete und sich dann in ganz Europa verbreitete. Im Mittelalter betrachteten die Menschen alles Dasein als Schöpfung Gottes. Und Gott war Mittelpunkt des Lebens und Denkens der Menschen. In der Renaissance veränderte sich dieses "Weltbild". Gott blieb weiterhin Mittelpunkt der Schöpfung, doch die Menschen begannen sich für die Beschaffenheit der Schöpfung zu interessieren. Sie wollten den Menschen und die Welt kennenlernen. Wissenschaften wie Medizin und Mathematik wurden vorangetrieben. Es folgte die Zeit der großen Entdeckungen (Nord- und Südamerika). Die Künste - allen voran Baukunst, Bildhauerei und Malerei - nahmen einen großen Aufschwung. Die antike Kunst diente hier als Vorbild. Ihre Zeugnisse wurden studiert und weiterentwickelt. Der Malerei der Renaissance ging es in der Hauptsache darum, die Dinge getreu ihrem Aussehen abzubilden. Möglich war das Aufblühen der Künste nur durch den steigenden Reichtum von

Bürgern, Adeligen und kirchlichen Einrichtungen, die als Auftraggeber wirkten. Berühmte Künstler jener Zeit verdienten nicht nur viel Geld, sie waren auch in der Öffentlichkeit sehr angesehene Leute (wie Leonardo da Vinci, Raffael, Michelangelo oder der Nürnberger Albrecht Dürer usw.). Die Renaissance endete in Italien um 1580, als sich der Barock (s. Begriffserklärungen) durchsetzte.

Republik
Das Wort kommt vom lateinischen "res publica" - die "öffentlichen Angelegenheiten". Die Republik ist eine Staatsform, in der das Volk über seine Regierung bestimmt, die nur für eine bestimmte Zeit im Amt bleibt.

Säule
Die Säule ist ein Mittel der Baukunst. Sie hat im Querschnitt die Form eines Kreises und dient als Stütze für Decken oder Balken. Der Fuß, auf dem sie steht, heißt Basis. Der obere Abschluss wird *Kapitell* genannt.

INDEX

(Begriffe, Namen und Schauplätze - und auf welcher Seite ihr sie im Text findet)

J

K

O

P

Fotonachweis

Simona Sansonetti, La Studiocamera, Roma

Bernd O. Schmidt, München

A.P.T. Roma: 73, 103, 149, 151

Edizioni Plurigraf: 76, 123, 152, 158

Gianfranco Crimi/Futura Edizioni: 119

Giancarlo Gasponi/Edizioni Indaco: 57

Istituto Fotografico Editoriale „Scala“: 130, 131

Hinweis der Autoren und des Verlags:
Alle in diesem Buch enthaltenen Angaben wurden von den Autoren nach bestem Wissen erstellt und von ihnen mit größtmöglicher Sorgfalt überprüft. Gleichwohl sind, wie wir im Sinne des Produkthaftungsrechts betonen müssen, inhaltliche Fehler nicht vollständig auszuschließen. Daher erfolgen die Angaben ohne jegliche Verpflichtung oder Garantie des Verlages oder der Autoren. Diese übernehmen keinerlei Verantwortung und Haftung für etwaige Unstimmigkeiten. Wir bitten dafür um Verständnis. Korrekturhinweise werden wir gerne aufgreifen.